# SCRUM
## Guia prático

# SCRUM
## Guia prático

**Maior produtividade. Melhores resultados. Aplicação imediata.**

## J. J. Sutherland
**Coautor do best-seller SCRUM**

SEXTANTE

Título original: *The Scrum Fieldbook*

Copyright © 2019 por J. J. Sutherland e Scrum Inc.
Copyright da tradução © 2020 por GMT Editores Ltda.

Todos os direitos reservados. Nenhuma parte deste livro pode ser utilizada ou reproduzida sob quaisquer meios existentes sem autorização por escrito dos editores.

*tradução:* Nina Lua
*preparo de originais:* Melissa Lopes Leite
*revisão:* Luis Américo Costa e Rebeca Bolite
*diagramação:* DTPhoenix Editorial
*capa:* Lucas Heinrich
*imagens de capa:* iStock / Getty Images
*adaptação de capa:* Ana Paula Daudt Brandão
*impressão e acabamento:* Bartira Gráfica

CIP-BRASIL. CATALOGAÇÃO NA PUBLICAÇÃO
SINDICATO NACIONAL DOS EDITORES DE LIVROS, RJ

S967s  Sutherland, J. J.
　　　　Scrum: guia prático / J. J. Sutherland; tradução de Nina Lua. Rio de Janeiro: Sextante, 2020.
　　　　240 p.; 16 x 23 cm.

　　　　Tradução de: The Scrum fieldbook
　　　　ISBN 978-85-431-0916-9

　　　　1. Administração de empresas. 2. Scrum (Desenvolvimento de software). 3. Mudança organizacional. I. Lua, Nina. II. Título.

19-61108
CDD: 658.406
CDU: 005.332.3

Todos os direitos reservados, no Brasil, por
GMT Editores Ltda.
Rua Voluntários da Pátria, 45 – Gr. 1.404 – Botafogo
22270-000 – Rio de Janeiro – RJ
Tel.: (21) 2538-4100 – Fax: (21) 2286-9244
E-mail: atendimento@sextante.com.br
www.sextante.com.br

*para v\**

*por insistir que a base do livro fosse a alegria,*
*por exigir que nuestra estrella de poste del libro siempre fue esperanza,*
*por declarar que você se casou com um escritor,*
*por enamorarse de mí otra vez,*
*por sempre me lembrar de olhar para a luz,*
*Estoy muy bendecido y agradecido contigo en mi vida.*
*Este livro não seria o que é sem você.*

# Sumário

| | | |
|---|---|---|
| CAPÍTULO 1 | A escolha diante de nós | 9 |
| CAPÍTULO 2 | Mudar de ideia deve ser barato | 28 |
| CAPÍTULO 3 | Por que não conseguimos decidir | 45 |
| CAPÍTULO 4 | Ocupado × feito | 74 |
| CAPÍTULO 5 | Pessoas e lugares que parecem loucos geralmente são | 91 |
| CAPÍTULO 6 | Estrutura é cultura | 118 |
| CAPÍTULO 7 | Fazendo do jeito certo | 148 |
| CAPÍTULO 8 | O que não fazer | 177 |
| CAPÍTULO 9 | A empresa renascentista | 204 |
| CAPÍTULO 10 | Como o mundo poderia ser | 222 |
| | Agradecimentos | 235 |
| | Notas | 237 |

CAPÍTULO 1

# A escolha diante de nós

Para mim, uma das coisas mais instigantes da vida é volta e meia constatar que o jeito como eu pensava que o mundo funcionava estava errado. Isso significa que há uma maneira mais nova, melhor, mais exata e mais abrangente de ver o mundo. Em geral, descubro que o modo como as coisas funcionam na biologia, na ciência, nos negócios e na vida é mais intricado e integrado, mais sutil e mais aberto à mudança do que eu poderia imaginar. É incrivelmente libertador.

Isso me lembra da história por trás da publicação do revolucionário livro *Tratado elementar de química*, de Antoine Lavoisier, em 1789. Lavoisier propunha que, através da experimentação rigorosa, era possível chegar a princípios básicos:

> É uma máxima universalmente admitida na geometria e, de fato, em todos os ramos do conhecimento que, no curso da investigação, devemos partir de fatos conhecidos para o que é desconhecido. (...) Assim, a partir de uma série de sensações, observações e análises, surge um encadeamento sucessivo de ideias tão interligadas que permite a um observador atento remontar até certo ponto a ordem e a conexão de todo o conhecimento humano.[1]

Lavoisier teorizou que alguns elementos químicos básicos não podiam ser decompostos. Argumentou que eles formavam as unidades fundamentais da matéria. E, assim, começou a procurá-los com rigor. Foi ele o cientista que nomeou o oxigênio, o hidrogênio e o carbono, a pessoa que descobriu o papel do oxigênio na combustão e na respiração, que mostrou que a água é composta de hidrogênio e oxigênio. Lavoisier revolucionou o campo da química. Criou uma nova linguagem para descrever como as partes que compõem a realidade interagem umas com as outras. Ou seja, descreveu de forma inteiramente nova como o mundo funciona. E foi capaz de usar os princípios básicos que estabeleceu para prever a existência de outros elementos que não chegaram a ser descobertos em seu tempo.

Antes de Lavoisier, os químicos só podiam examinar os elementos que a natureza por acaso deixava ao seu alcance. A ideia de Lavoisier era: em vez de nos limitarmos a esses elementos, por que não experimentar até que possamos encontrar o universo completo de todos os compostos químicos possíveis, não apenas aqueles com os quais convenientemente nos deparamos?

Suas ideias eram impressionantes. A publicação de seu livro se tornou um dos grandes divisores de águas da história da ciência. Antes de Lavoisier, cientistas e intelectuais presumiam que o mundo funcionava de um jeito. Depois, entendeu-se que ele funcionava de forma completamente diferente. A química moderna nasceu. O mundo se transformou. Hoje, tudo – desde os botões da sua camisa até o frio da sua geladeira, passando pela tinta deste livro ou pelos chips que acionam o dispositivo em suas mãos enquanto você lê estas palavras – existe por causa dessa descoberta.

Adoro quando esse tipo de coisa acontece, quando uma nova descoberta muda de modo fundamental a forma como vemos e entendemos o mundo em que vivemos. Quando tudo que pensávamos saber é questionado por causa de novas informações ou novos dados. Quando o mundo era de um jeito em um dia e, no seguinte, enxergamos possibilidades que não éramos capazes de conceber na véspera.

## Uma nova forma de pensar

Nos anos que se passaram desde a publicação do meu primeiro livro, *Scrum: A arte de fazer o dobro do trabalho na metade do tempo*, que escrevi junto com meu pai, Jeff Sutherland, cada vez mais pessoas acordaram para o fato de que estamos no meio de uma mudança semelhante no que diz respeito ao modo como o mundo dos negócios funciona agora. Uma revolução está impulsionando a transformação desse setor. E, como no caso de Lavoisier, está nos mostrando um novo universo, onde os antigos limites não se aplicam mais. Ultimamente, tenho usado uma nova frase em minhas conversas com empresas, CEOs e altos executivos: "O Scrum é a arte de mudar o *possível*."

A demanda pelo Scrum está sendo impulsionada por rápidas mudanças sociais, econômicas e políticas, que por sua vez estão sendo impulsionadas pela imensa velocidade dos avanços tecnológicos. Com certeza você já ouviu falar na lei de Moore, criada por Gordon Moore, cofundador da Intel. Em 1965, ele escreveu um artigo com o título "Cramming More Components into Integrated Circuits" (Como agrupar mais componentes em circuitos integrados). O que hoje é chamado de lei de Moore é a conclusão do artigo: o número de transístores em um chip dobraria a cada dois anos. Isso é crescimento exponencial. Ah, e ao mesmo tempo o preço desse aumento na capacidade de processamento seria reduzido pela metade.

Não somos capazes de perceber a velocidade dessas mudanças. É quase impossível tentar entender o que virá a seguir. Permita-me compartilhar uma velha charada francesa para crianças com o intuito de ilustrar a rapidez com que tudo está acontecendo. Digamos que você se depare com um belo lago cheio de lírios – talvez o de Giverny, tão famoso por todos aqueles quadros de Monet. Imagine: água parada, lírios flutuando, talvez uma pequena ponte, o céu e as árvores emoldurando o lago, pintando-o com seus reflexos.

Agora digamos que o número de lírios no lago dobra todos os dias. Daqui a 30 dias, eles cobrirão por completo a superfície da água, sufocando o lago com pétalas. Sem querer, eles matarão todas as formas de vida – peixes, sapos e até a si próprios. Mas ainda há tempo para salvar o lago, certo? E, no fim das contas, os lírios são lindos. Se você decidir esperar até que os lírios tenham coberto metade da superfície para intervir, quantos dias terá para salvar o lago?

Um. Apenas um. No dia 29 os lírios terão coberto metade do lago. No dia seguinte, cobrirão tudo.

Vou dar outro exemplo do ritmo que uma duplicação de transistores e capacidade de processamento impõe. Vamos usar a famosa parábola de grãos de trigo em um tabuleiro de xadrez, que remonta ao ano de 1256 (o que já indica que as pessoas vêm pensando sobre esse tipo de assunto há muito tempo). Se você colocasse um grão de trigo em uma casa de um tabuleiro de xadrez e, em seguida, dobrasse o número de grãos em cada casa subsequente, no momento em que chegasse à última casa teria dobrado 63 vezes. Essa última casa teria cerca de 9 *quintilhões* (9.223.372.036.854.775.808, para ser exato) de grãos de trigo. É um número grande, bem grande. Incompreensível. Intangível. E esse é o ritmo da mudança que estamos vivendo. As velhas formas de trabalhar estão se desintegrando diante de problemas que se transformam rápido demais e que estão simplesmente além de sua capacidade de enfrentamento. A complexidade não é mais algo raro, é algo com o qual temos que lidar todos os dias.

## O que acontece depois do que vem a seguir

O Scrum é a forma pela qual uma pessoa, uma equipe ou uma organização se torna capaz de responder a essa complexidade, de responder a metamorfoses que não podem ser previstas, de se mover com agilidade e entusiasmo através de um espaço de problemas em constante transformação. O ritmo das mudanças pelas quais estamos passando exige uma maneira diferente de trabalhar. O Scrum é uma resposta para isso.

No entanto, para realmente obter o poder do Scrum, o tipo de aumento drástico de produtividade e entrega de valor que ele proporciona, é preciso haver uma mudança fundamental na gestão e nas operações. Embora algumas equipes Scrum possam concluir seus projetos com grande velocidade, o que queremos de fato é o Scrum no nível corporativo. As estruturas tradicionais têm que mudar, assim como os incentivos e a gestão do desempenho. Mesmo que não façam parte das equipes Scrum propriamente ditas, todos os membros da organização devem aprender como interagir com elas, fornecer o que elas precisam, ajudá-las e gerenciá-las de uma nova forma.

Quando compreendem de fato o escopo da transformação necessária, aqueles que trabalham em organizações tradicionais às vezes simplesmente jogam a toalha. Há burocracia demais, história demais, procedimentos corporativos demais em empresas estabelecidas. *Não podemos simplesmente mudar tudo*, dizem os gerentes, *não é assim que trabalhamos por aqui*. E, se as coisas dão errado, eles começam a procurar alguém para culpar.

Não importa quem foi responsável pelo sucesso ou fracasso de uma empresa, nem como o dinheiro foi gasto, nem o que deu errado. A única coisa que importa é: o que acontece depois do que vem a seguir? O passado é passado. Isso é verdade nos negócios, na política e nos relacionamentos. Como você quer que seja o futuro? Como pode se posicionar para tirar proveito das mudanças que sabe serem necessárias? Como incutir na sua equipe, no seu departamento ou na sua empresa não apenas resiliência, mas um sistema que realmente ajude a equipe a se fortalecer toda vez que um problema for encontrado? Como podemos construir um sistema robusto o suficiente para que, sempre que um desastre acontecer, sua organização não apenas se recupere, mas aprenda, cresça e aumente sua capacidade?

As melhores organizações aprendem com seus erros e sucessos e, em seguida, usam essas lições de modo sistemático para se aperfeiçoar. Como costumo dizer às minhas equipes quando me trazem algo que deu errado: "Ótimo. Agora sabemos que isso não funciona. Da próxima vez, tragam-me um erro mais interessante."

O que você realmente quer é o que eu chamo de uma "empresa renascentista" – isto é, uma empresa que se libertou dos grilhões do passado, das velhas formas de olhar o mundo, e agora é capaz de criar coisas que eram inimagináveis poucos anos atrás. Precisamos de uma lei de Moore para as pessoas. Como nós mesmos podemos nos tornar mais rápidos, eficientes e produtivos? E como fazer isso em escala?

## Um mundo feito de Lego

Venha comigo para o norte da Europa, até a Suécia – lar da Ikea, da trilogia *Millenium*, da banda pop ABBA e do sol da meia-noite. A Suécia também é o lar da Saab. Você talvez conheça a Saab como uma fabricante de automóveis, mas fazer carros sempre foi uma atividade secundária para a empresa. Na verdade, o principal negócio da Saab é fabricar aviões de combate.

Desde o fim da Era Napoleônica, a Suécia tem uma política oficial de neutralidade, semelhante à da Suíça. E foi capaz de manter essa política oficialmente em meio à Segunda Guerra Mundial e à Guerra Fria. Mas ter a OTAN de um lado e a URSS de outro era, digamos, uma situação estressante para os nossos bons amigos do Norte.

A Saab vem construindo caças desde 1937. Na época, era óbvio que o mundo estava prestes a entrar em um conflito mundial, e os suecos, que não estavam alinhados com nenhuma nação ou nenhum grupo, decidiram montar sua força aérea. Em 1950, apresentaram o caça Saab 29 Tunnan, uma aeronave que era páreo para os melhores caças a jato do mundo na época. Fabricaram cerca de 55 esquadrilhas operacionais, muitas em alerta e capazes de decolar em 60 segundos. Com o tempo, começaram a vender seus aviões para vários países: Áustria, Brasil, África do Sul, Tailândia e outros.

Após o Tunnan, vieram o Lansen, o Draken e depois, na década de 1980, o Gripen A/B, seguido pelo C/D. E então eles tiveram um problema. O Gripen era um bom avião e vendia muito bem, mas a Saab e as Forças Armadas da Suécia queriam modernizá-lo, torná-lo mais poderoso, dar-lhe um alcance maior e armas melhores. E foi assim que surgiu a ideia do Gripen E.

No início, os engenheiros da Saab iam simplesmente modernizar cerca de 60 Gripens 39C já existentes, porque, afinal de contas, aviões são caros e difíceis de fabricar. Em algum momento dessa atualização das aeronaves eles adotaram o Scrum – a princípio apenas na equipe de software, mas logo a ideia se espalhou: para o pessoal de design, de engenharia, de controle de qualidade, enfim, para toda a empresa. O Scrum@Scale é uma estrutura organizacional modular, com equipes multifuncionais que entregam valor com rapidez. Mas, à medida que ele se espalhava pela Saab, os líderes da empresa tiveram uma nova ideia radical: e se o avião refletisse a estrutura organizacional da empresa?

*Queremos uma aeronave que tenha potencial para voar por 50 anos,* decidiu a Saab. *Sabemos que a tecnologia mudará de forma radical ao longo das décadas. Os projetos atuais de aeronaves são muito difíceis de atualizar, pois estão fortemente interligados, cada parte atrelada a todas as outras. E se construirmos um avião que seja modular, que possa ser facilmente desmontado e montado de novo, como uma organização de equipes Scrum? Poderíamos atualizar sistemas inteiros o tempo todo. Não precisaríamos esperar por um programa de modernização totalmente novo. Em vez disso, por que não fazer com que, caso surjam novos radares ou novos computadores ou um motor melhor, possamos simplesmente remover o antigo e conectar o novo, sem ter que tocar no resto do avião? E se fabricássemos um caça como se fosse feito de Lego?*

"Queremos que seja um sistema *plug-and-play*", disse Jörgen Furuhjelm, da Saab, referindo-se a um sistema em que é possível encaixar uma nova peça e pô-la para funcionar. "É o que chamamos de um caça inteligente. Não sabemos o que nossos clientes vão querer daqui a alguns anos."

É preciso desenvolver um motor melhor? Sem problema, basta trocá-lo. Radar melhorado? Feito. Armas mais sofisticadas? Pronto. A filosofia da Saab permite que o Gripen faça coisas que pareciam impossíveis. Ele é capaz de pousar em uma estrada em condições climáticas extremas. Pode ser reabastecido e rearmado em menos de 10 minutos – são necessárias apenas seis pessoas e nenhuma ferramenta especial. A maioria dos outros caças leva de duas a três vezes mais tempo. A Saab pode trocar um motor em uma hora. É isso que a modularidade proporciona.

E a empresa é considerada pelos funcionários um lugar *divertido*. A única companhia que ultrapassa a Saab no ranking de melhores lugares para se trabalhar, segundo os estudantes de engenharia suecos, é a Google. E, ao contrário da maioria das empresas do mundo, onde a maior parte das pessoas preferiria fazer praticamente qualquer outra coisa a ir para o escritório, os funcionários da Saab *querem* ir todo dia para o trabalho.

"O segredo é o comprometimento. As pessoas acham que o projeto é realmente legal. Elas gostam de aviões. E existe um senso de *comprometimento* nas equipes que chega a ser quase palpável", conta Furuhjelm.

Este é o poder do Scrum. Ele liberta as pessoas para trabalhar com mais rapidez, de forma mais produtiva e para realizar mais trabalho em menos tempo. Permite que as equipes façam seu serviço com paixão e sem impedimentos. Quando abraçou o Scrum, a Saab descobriu que o simples fato de se concentrar em tirar os obstáculos do caminho de seus funcionários era capaz de liberar uma quantidade incrível de potencial humano.

Embora o Gripen E seja simplesmente melhor – com peças melhores, equipamento melhor, enfim, tudo melhor – que seu antecessor, ele é mais barato de desenvolver, fabricar e operar. Manter 150 Gripens no ar por 40 anos custaria cerca de 22 bilhões de dólares. Isso é cerca de metade do que seria gasto para manter apenas 65 F35 americanos.

E isso foi possível com o Scrum. A Saab construiu um caça altamente avançado do zero. Muitas vezes trabalho em empresas cujos gestores dizem: "Ah, a estrutura do Scrum é boa para desenvolver softwares. O que estamos fazendo é complexo demais para isso." É nesse ponto que geralmente começo a contar sobre o Gripen e comento: "Tenho certeza de que o que você está fazendo ou fabricando não é mais complexo que um avião de caça."

## Scrum e Ágil

Nos últimos anos, o Scrum, muitas vezes sob a bandeira do Ágil, tornou-se onipresente. Ele já mudou não só o modo como empresas de software e tecnologia funcionam, mas cada vez mais a forma como grandes companhias de quase todos os setores trabalham. Negócios do setor bancário, montadoras de automóveis, fabricantes de equipamentos médicos, firmas de biotecnologia, seguradoras, empresas da área da saúde, entre outros, recorreram ao Ágil para permanecer relevantes hoje. Algumas das maiores empresas do mundo, como Bosch, Coca-Cola, USAA, Schlumberger, Fidelity e Lockheed Martin, usaram o Scrum para entregar valor e qualidade na velocidade que seus clientes agora consideram essencial.

Muito disso tem sido impulsionado pelo que frequentemente chamamos de transformações digitais. A ideia é que acabou o tempo em que negócios e TI ficavam separados. Hoje, toda organização é uma empresa de tecnologia. E os softwares já tomaram conta do mundo. Existem mais linhas de código no seu carro do que no Windows. Imagine só, minha nova máquina de lavar quer a senha do wi-fi!

E agora as empresas – muitas vezes estimuladas por um CEO que assistiu a uma palestra no TED ou ouviu falar sobre os benefícios do Ágil por seus colegas ou por uma consultoria – decidem que, de um jeito ou de outro, vão se tornar Ágeis.

Neste ponto, acho que é bom eu definir o termo Ágil e como o Scrum se relaciona com ele. O Scrum foi inventado em 1993 e formalizado por seus dois criadores, Jeff Sutherland e Ken Schwaber, em 1995. Em meados da década de 1990, em grupos na Usenet e em conferências, havia muitas pessoas com dificuldade para encontrar formas de desenvolver softwares que não tivessem a terrível taxa de falhas que estava se tornando cada vez mais comum.

Em 2001, 17 dessas pessoas se reuniram por alguns dias em um resort de esqui em Snowbird, no estado americano de Utah. Meu pai, Jeff Sutherland, estava lá, assim como Ken Schwaber e outro pioneiro na adoção do Scrum, Mike Beedle. As outras 14 pessoas vinham de diferentes setores e metodologias, mas reconheciam que estavam todas tentando lidar com os mesmos problemas de formas parecidas, se não exatamente do mesmo jeito.

De acordo com o que algumas pessoas que estavam lá me contaram, no primeiro dia todos discutiram. Debateram principalmente sobre como chamariam aquela espécie de guarda-chuva que sabiam que estava lá mas que ainda não tinha nome. Perto do final do dia, Mike Beedle sugeriu Ágil. Todos acharam que esse nome seria mais fácil de vender do que alguns dos outros finalistas, como Leve. Então se decidiram por Ágil. Em seguida, começaram a discutir sobre o que isso significava.

No dia seguinte, debateram mais um pouco. Certo, o nome era Ágil, mas o que isso de fato significava? Como poderia ser descrito? Bem, nove das pessoas presentes decidiram sair e fazer uma pausa, enquanto as outras oito ficaram na sala. Uma delas, Martin Fowler, foi até o quadro branco e disse algo do tipo: "Seria uma pena se não conseguíssemos chegar a um acordo sobre pelo menos uma coisa durante esses dois dias..." Em cerca de 15 minutos, as oito pessoas naquela sala chegaram ao seguinte:

Estamos descobrindo melhores maneiras de desenvolver softwares, fazendo-o nós mesmos e ajudando outros a fazerem o mesmo. Por meio deste trabalho, passamos a valorizar:

*Indivíduos e interações mais que processos e ferramentas*

*Software em funcionamento mais que documentação abrangente*

*Colaboração com o cliente mais que negociação de contratos*

*Responder a mudanças mais que seguir um plano*

Ou seja, mesmo havendo valor nos últimos itens de cada tópico, valorizamos mais os primeiros.

Quinze minutos depois, quando os outros nove voltaram, um deles, Ward Cunningham – o inventor da wiki, a tecnologia de edição colaborativa usada na Wikipédia, entre outras coisas –, disse: "Isso é incrível!" Nenhuma palavra foi alterada.

Então isso é o Ágil: uma declaração de valores. Eles passaram o resto do dia desenvolvendo 12 princípios, como "Simplicidade – a arte de maximizar a quantidade de trabalho não realizado – é essencial", "Construa projetos em torno de indivíduos motivados. Dê a eles o ambiente e o suporte necessários e confie neles para fazer o trabalho" e "A atenção contínua à excelência técnica e ao design eficiente aumenta a agilidade". Tudo isso é ótimo, mas não é uma descrição de como pôr esses princípios em prática. Não havia estrutura nem metodologia, apenas quatro valores e alguns princípios de bom senso.

E isso mudou o mundo. Eles colocaram o Manifesto Ágil em um site, agilemanifesto.org, e foram para casa continuar o trabalho duro de pôr tudo aquilo em prática. Não faziam ideia do impacto que o manifesto teria para além do mundo do software.

Mas quero fazer um alerta: quando uma pessoa diz que trabalha de forma Ágil, é muito importante perguntar o que exatamente ela quer dizer com isso. O Scrum é, de longe, a maneira mais popular de fazê-lo – cerca de 70% das equipes Ágeis usam o Scrum. Não é o único método, mas simplesmente dizer que uma empresa é Ágil não significa muita coisa.

## A lei de Moore para pessoas

Se você nunca ouviu falar do Scrum, ou mesmo se você já tiver ouvido falar mas ainda não tiver certeza de como ele pode ajudar o seu negócio, deixe-me explicar de forma resumida a história dele, de onde vem e o que se propõe a fazer.

Desde os anos 1980, as pessoas no Vale do Silício se preocupam com o impacto da lei de Moore sobre o crescimento acelerado da tecnologia. À medida que as máquinas que construímos foram aumentando sua capacidade, os projetos de software ficaram mais complexos e, infelizmente, o fracasso desses projetos se tornou mais comum, levando a desperdícios cada vez maiores de tempo, energia, produtividade e sonhos.

Tomemos como exemplo o projeto TAURUS, da Bolsa de Valores de Londres, nessa época. TAURUS é um acrônimo para Transfer and Automated Registration of Uncertified Stock (Transferência e Registro Automatizado de Ações Não Certificadas). O problema era que o sistema de liquidação da Bolsa usava um sistema chamado Talisman. *Liquidação* é uma palavra chique para "receber o que você comprou". Então, depois que você comprava uma ação na Bolsa, a transferência dela para sua carteira de ações poderia levar de duas a três semanas, e esse processo envolvia o envio de certificados de ações em papel de um lugar para outro. O sistema de compra e venda chamava-se Seaq. Era eletrônico, mas não conseguia se comunicar com o sistema Talisman, vários anos mais antigo que ele.

O projeto TAURUS deveria consertar isso. Seria um sistema de liquidação eletrônico que substituiria o antigo em papel e, além disso, seria conectado a sistemas de liquidação internacionais, permitindo a negociação de valores mobiliários com outros países. Seria maravilhoso. Mas os operadores individuais precisavam de uma coisa e os institucionais, de outra. A maioria dos operadores também queria que o TAURUS conversasse com seus sistemas customizados em vez de substituí-los. Então mais e mais funções começaram a ser exigidas do programa TAURUS.

Ainda assim, seria incrível. Ele se integraria a cerca de 17 sistemas diferentes. Impressionante. Mas, de acordo com o que Hamish McRae escreveu no jornal *The Independent* em 12 de março de 1993, havia três problemas. Em primeiro lugar, construir enormes sistemas de software do zero e gerar um "Big Bang" é incrivelmente arriscado. Não pode haver falhas. O menor dos erros seria catastrófico. No entanto, essa abordagem era comum na época – e pode ser vista até hoje. As empresas fazem grandes apostas de que um sistema enorme resolverá tudo a partir do momento em que for posto para funcionar. De acordo com dados do Standish Group, cerca de 40% dos projetos feitos dessa maneira fracassam totalmente.[2] Metade deles atrasa, estoura o orçamento e não consegue solucionar as questões que deveria. No caso do TAURUS, isso significava que eram mínimas as chances de sucesso de um sistema que deveria substituir completamente o sistema de liquidação em um dos maiores centros financeiros do mundo.

Em segundo lugar, apontou McRae, um sistema muito bom que funcione é infinitamente preferível à busca de um sistema perfeito que não funcione. Como se diz: o perfeito é inimigo do bom. No projeto TAURUS, como em quase todos os projetos em qualquer lugar, o que chamamos de *scope creep* – isto é, o aumento incessante de escopo e complexidade em relação ao plano inicial – acabou sendo a sua sentença de morte. *Não seria ótimo se esse novo sistema fizesse não só tudo aquilo que já pensamos e pedimos que ele faça, mas também esta outra tarefa? E se preparasse um café expresso perfeito enquanto as pessoas estão esperando uma negociação ser finalizada, não seria ainda mais incrível?*, e assim por diante. Por fim, um projeto que era simples e bem definido no começo se transforma em uma geringonça com a missão de fazer tudo para todos. E, claro, acaba não sendo capaz nem mesmo de realizar as tarefas mais simples que seus idealizadores planejaram no início.

Isso é muito comum nas empresas que usam o sistema SAP. O SAP é líder de mercado nos chamados sistemas de Planejamento de Recursos empresariais (ERP, na sigla em inglês). Sistemas ERP devem fazer de tudo. São bancos de dados gigantescos que rastreiam recursos, como dinheiro, matéria-prima ou capacidade de produção, e os combinam com folha de pagamento, faturas, pedidos e assim por diante. Portanto, um sistema ERP entra em contato com todas as áreas de uma empresa – suprimentos, vendas, RH, contabilidade, produção, ou seja, praticamente tudo mesmo – e as integra digitalmente. O sistema funciona muito bem se você usar seu "modelo básico", isto é, sem customizações.

O problema surge quando, como aconteceu com o TAURUS, as pessoas ficam entusiasmadas com sua solução mágica para *tudo*: integrar todos os sistemas, conversar com os *mainframes* antigos no porão, lidar com o que está na nuvem, costurar todos os retalhos de sistemas improvisados de vários departamentos. (Ou substituí-los completamente! Por algo melhor!) E assim começam as incessantes mudanças no escopo. *Que tal se o fizermos se comunicar com esse sistema que já usamos há 30 anos?* Ou: *Ele deveria incluir todos os recursos daquele software que compramos há 20 anos e não é mais atualizado.* A lista é interminável.

Nos últimos seis meses, trabalhei com três empresas globais que tentam há mais de uma década implementar o SAP. Em uma gigante do mercado de bebidas, depois que falei sobre como deveríamos manter as coisas simples, um engenheiro se aproximou de mim e falou em voz baixa: "Já gastamos mais de 1 bilhão de dólares com isso. E ainda não está funcionando." Em outra empresa com centenas de milhares de funcionários trabalhando em algumas das áreas mais remotas do planeta, disseram-me que 1 bilhão de dólares era pouco. Eles haviam gasto 1,5 bilhão no SAP e não tinha dado certo. Não vou deprimir você com o terceiro exemplo. Acredite em mim: é ruim. Todas as três empresas tinham uma coisa em comum: apesar daqueles bilhões de dólares e milhares de pessoas, o sistema não funcionava. E ainda assim eles continuam jogando mais centenas de milhões de dólares por ano no problema, fazendo tudo do mesmo jeito e esperando resultados diferentes.

Mas voltemos ao TAURUS, aquela joia perfeita em forma de sistema de liquidação, e àquelas pobres almas com a tarefa hercúlea de integrar 17 propostas diferentes de como o sistema deveria funcionar, fazendo de tudo para todo mundo. E a equipe tentou. Tentou de verdade.

Sobre o terceiro problema do TAURUS, vou apenas citar um parágrafo de McRae:

> A Bolsa de Valores não tem escutado seus clientes. Ela conta com muitos tipos diferentes: as firmas-membro, as empresas cujas ações são negociadas, os investidores institucionais, os investidores pessoais. Os membros estavam preocupados com os custos do TAURUS; as empresas estavam descontentes (e algumas tinham se recusado a ajudar); as instituições eram, na melhor das hipóteses, indiferentes ou, na pior, hostis; e qualquer pequeno investidor que soubesse do projeto estava preocupado com as taxas adicionais que provavelmente teria que pagar. É preciso uma arrogância bem particular para insistir em algo quando há esse tipo de resistência.

"Uma arrogância bem particular" – a arrogância do especialista. A arrogância do profissional. A arrogância do burocrata. A arrogância do processo acima das pessoas, de dar mais valor a descrições intricadas de coisas que funcionam do que às coisas em si. A insistência egoísta de que um plano complicado ao qual se dedicaram com afinco era melhor que a ideia mais prudente de que as coisas poderiam mudar e talvez fosse bom se planejar para isso.

Assim o TAURUS, que nasceu como uma linda ideia, foi cancelado em 1993, depois de anos de esforços, milhares de pessoas trabalhando o dia inteiro e madrugada adentro e uns 75 milhões de libras jogados no lixo. O impacto total de custos para os investidores é estimado em cerca de 400 milhões de libras.

Isso é muito dinheiro. Mas também muito tempo perdido e muitas vidas desperdiçadas. Um grupo de pessoas realmente inteligentes dedicou anos a criar algo que se tornou sinônimo de desastre tecnológico.

E bem que eu gostaria de poder lhe dizer que o TAURUS é um dos piores exemplos que posso dar, mas não é. Existem muitos outros. O projeto Connecting for Health, do Sistema Nacional de Saúde do Reino Unido, deveria criar registros de saúde eletrônicos: nove anos desperdiçados, a um custo de 12 bilhões de libras. O Sistema de Suporte de Combate Expedicionário para as Forças Armadas dos Estados Unidos: sete anos perdidos, a um custo de 1,1 bilhão de dólares. O Departamento de Trânsito da Califórnia gastou dezenas de milhões de dólares a partir de 1987 para construir um sistema que, em 1990, era pior que o sistema que deveria substituir – e ainda assim eles só conseguiram desistir em 1994. O *San Francisco Chronicle* descreveu o projeto como "um sistema impraticável que não poderia ser consertado sem que fossem gastos mais alguns milhões de dólares".

Nossas máquinas se tornaram mais rápidas e mais capazes, mas nós, humanos, não conseguíamos acompanhá-las – esse era o contexto em que meu pai estava trabalhando no início da década de 1990. Se você quiser a história completa do que aconteceu, leia *Scrum: A arte de fazer o dobro do trabalho na metade do tempo*. Mas, em suma, ele pensou em uma nova forma de trabalhar. Seu insight crítico era que esses tipos de fracasso não eram culpa das pessoas envolvidas. Os gestores, desenvolvedores e designers nesses projetos gigantescos que deram errado não eram pessoas ruins. Não eram burros. Não falharam porque queriam. Tinham começado o processo sonhando alto e com o desejo de fazer a diferença, de mudar o jeito como o mundo fazia as coisas.

Não foram as pessoas que falharam, foi o sistema. Foi o modo como estavam trabalhando, como pensavam sobre o que devia acontecer quando iam às reuniões para discutir e planejar seus esforços. Para elas, era simplesmente assim que as coisas eram feitas. Trabalhar de qualquer outra forma seria como se um peixe questionasse o profundo envolvimento de sua espécie com a água.

## Um manual de sobrevivência

As pessoas cujos empregos correm risco por causa da automação na verdade não são diferentes das empresas cuja razão de existir está sob constante ameaça. Não importa se você está fazendo escolhas pessoais sobre seu trabalho, planejando as metas estratégicas para uma grande multinacional ou decidindo como uma cultura se adaptará a uma nova série de circunstâncias com um conjunto de axiomas muito diferentes: o que determinará seu sucesso é a capacidade de se adaptar rapidamente. Como meu pai e eu escrevemos em nosso livro anterior: *mude ou morra*.

Neste livro, porém, quero oferecer mais algumas ferramentas. Vou levá-lo em uma viagem ao redor do mundo, do espaço sideral a centrais de atendimento, de novas tecnologias radicais a um restaurante. As tendências podem parecer assustadoras, mas realmente acredito que podemos aprender a abraçar a mudança, nos tornando mais resilientes e menos amedrontados, capazes de realizar mais, parando de lamentar o que não podemos mais fazer e agindo com propósito global em vez de sermos prisioneiros das forças ao nosso redor.

Porque a verdade é que o Scrum sozinho não faz nada. Ele apenas liberta a grandeza que vive dentro de todos nós. Essa grandeza está lá. Pode estar escondida ou abatida, mas nunca é perdida para sempre. É o que nós, humanos, somos.

Um dia pensamos que as coisas funcionam de um jeito; no dia seguinte, descobrimos que estávamos enganados. Em um segundo, podemos perceber que estivemos observando o mundo através de uma lente estreita, que existe um universo de possibilidades que nunca imaginamos, e agora, de repente, podemos reformular o modo como o mundo funciona... e, na verdade, sempre pudemos.

## RESUMO

***O Scrum é a arte de mudar o possível.*** Você pode se adaptar a este mundo de mudanças cada vez mais aceleradas e ver do que você, sua organização, seus colegas e sua equipe são realmente capazes. Esteja você fazendo escolhas pessoais sobre seu trabalho ou planejando as metas estratégicas para uma grande multinacional, a capacidade de se adaptar rapidamente determinará seu destino.

***O fracasso é inevitável e inestimável.*** Não importa quem foi responsável pelo sucesso ou pelo fracasso de uma empresa, como o dinheiro foi gasto ou o que deu errado. As melhores organizações aprendem com seus erros e sucessos e, em seguida, usam essas lições para melhorar.

***A perfeição é superestimada.*** Um bom sistema que funcione é infinitamente preferível à busca de um sistema perfeito que não funcione.

## BACKLOG

- Analise cada um dos quatro valores do Manifesto Ágil e avalie quão Ágeis você e sua organização são. Lembre-se: "mesmo havendo valor nos últimos itens de cada tópico, valorizamos mais os primeiros".
    - Indivíduos e interações mais que processos e ferramentas
    - Software (produto ou serviço) em funcionamento mais que documentação abrangente
    - Colaboração com o cliente mais que negociação de contratos
    - Responder a mudanças mais que seguir um plano
- Examine como sua organização reage a uma falha ou um fracasso. É uma oportunidade de aprendizado valiosa ou um momento de apontar culpados?
- Avalie a sua capacidade de adaptação e inovação, e também a de sua organização. Com que facilidade você consegue acompanhar as mudanças em demandas, desejos e necessidades? Você é um disruptor ou está esperando o momento em que se tornará irrelevante? O que está ajudando ou prejudicando sua capacidade de reagir à mudança?

CAPÍTULO 2

# Mudar de ideia deve ser barato

Meu colega Joe Justice sempre diz: "Usar o Scrum é reduzir o custo de mudar de ideia." Joe trabalha principalmente com empresas que produzem bens duráveis: carros, foguetes, dispositivos médicos, equipamento de proteção individual para bombeiros, esse tipo de coisa. Você sabe, objetos palpáveis.

Os problemas com os quais ele se depara não são exclusivos do setor de "objetos": o entendimento sobre o que o produto deve ser, suas características, o que é necessário fazer para atender a altos padrões, como entregá-lo a um custo razoável e em um ritmo ditado pelas necessidades dos clientes e pelas ações dos concorrentes. Tudo isso é igual em qualquer ramo de negócios.

Ao longo deste livro, vou descrever os padrões e as práticas que nos permitem resolver esses problemas com mais rapidez do que você imagina ser possível. Antes de mergulhar nisso, no entanto, quero dar uma breve visão geral dos conceitos básicos do Scrum.

## Como o Scrum funciona

Primeiro, você precisa entender que existem só três funções no Scrum: Product Owner (Dono do Produto), Scrum Master (Mestre Scrum) e membro da equipe. Não há analista de negócios, não há líder técnico, não há Scrum Master sênior – há apenas aquelas três funções. Juntas, elas constituem uma equipe Scrum capaz de entregar valor de forma independente. A equipe é a menor unidade organizacional do Scrum, entregando valor aos clientes rapidamente, em ciclos curtos chamados sprints.

O Product Owner é dono do "o quê": o que a equipe vai construir ou criar, ou o serviço que vai fornecer, ou o processo que vai escrever ou publicar. Ele recebe as informações dos clientes, dos stakeholders, da própria equipe e de qualquer parte que se beneficiará do trabalho que a equipe está executando. Podem ser agricultores de Uganda lutando contra pragas em suas plantações ou engenheiros construindo um carro autônomo. O Product Owner precisa recolher todas essas informações, algumas das quais podem ser contraditórias, e criar uma visão do que a equipe fará. Então – e essa geralmente é a parte mais difícil –, depois de obter todas essas ideias, ele deve ordená-las, da mais valiosa à de menor valor. Não há prioridades maiores ou menores no Scrum: existe apenas uma prioridade por vez. Em geral, não é fácil chegar a uma decisão sobre essa ordem, mas é assim que o Scrum funciona.

Portanto, o Product Owner dá uma ordem de prioridade a tudo que precisa ser feito, do mais ao menos valioso, criando o que é chamado de backlog do produto. O backlog do produto é uma lista potencialmente infinita de todas as coisas que podem ser abordadas por essa equipe. É também um documento vivo, que se transforma constantemente em resposta a feedback de clientes, alterações de mercado, insights, demandas da administração, enfim, diversos fatores. Ele foi projetado para que seja fácil realizar mudanças.

Em seguida, o Product Owner apresenta esse backlog à equipe em um evento chamado planejamento do sprint. Nesse evento, a equipe examina o backlog do produto e decide o que irá executar e quanto acredita que pode ser realizado durante o próximo sprint. Repare que quem decide é a equipe, não o Product Owner ou a gerência. Os membros do grupo transferem os principais itens do backlog do produto para o que é chamado de backlog do sprint. Enquanto o backlog do produto pode ser alterado infinitamente, o backlog do sprint é fixo. O objetivo é que a equipe se concentre naqueles itens, e apenas neles, durante o sprint.

E então é partir para a ação. Os integrantes da equipe executam sprints cuja duração varia de uma a quatro semanas – o ritmo que for melhor para aquele grupo. Hoje em dia, a maior parte das empresas faz sprints de duas semanas, mas sempre recomendo para meus clientes sprints de uma semana. A razão para isso é que o processo Scrum tem ciclos de feedback. Gosto que esses ciclos sejam curtos para que possamos aprender com mais rapidez. Isso é crucial especialmente para equipes que trabalham em áreas como vendas, atendimento ao cliente ou finanças, em que a capacidade de reação é essencial.

O próximo evento é o Scrum diário, uma reunião de no máximo 15 minutos em que todos os participantes permanecem de pé. Nele, a equipe compartilha o que vem fazendo para alcançar o objetivo do sprint, o que fará nas próximas 24 horas e qualquer coisa que possa representar um obstáculo para a equipe chegar ao seu objetivo. O Scrum diário não é uma reunião de status. É como uma conversa entre os jogadores no meio da partida para se reorganizarem; uma breve sessão de replanejamento. A equipe aprendeu coisas novas enquanto realizava o trabalho, e essa é uma chance de compartilhar o aprendizado da véspera. É como um grupo de pessoas viajando de carro: elas traçam a rota até o destino, começam a jornada e, todos os dias, no café da manhã, verificam a posição no mapa e a previsão do tempo, decidem quem vai dirigir e põem o pé na estrada mais uma vez. Após 15 minutos, o Scrum diário termina.

Agora entra o Scrum Master. Sua função é nova na maioria das empresas. O trabalho dele consiste basicamente em ajudar a equipe a ir mais rápido.

Por que você pagaria alguém para fazer isso? Bem, se o Scrum Master consegue fazer com que sua equipe entregue valor na metade do tempo, ele já mais do que se pagou. É sempre melhor tornar suas equipes mais velozes que contratar mais funcionários ou equipes. Portanto, o Scrum Master ajuda uma equipe a ganhar velocidade e o Product Owner é responsável por transformar essa velocidade em valor. Não há nada mais triste que um grupo excelente de pessoas fazendo muito rapidamente coisas que ninguém quer. Lembra-se da Nokia Mobile? Eles tinham boas equipes Scrum por lá, produzindo a uma velocidade incrível telefones que ninguém mais queria depois de ver um iPhone. Em poucos anos, deixaram de ser líderes do mercado de celulares e passaram a ter zero valor.

Então o Scrum Master é como o treinador de um time. Ajuda as equipes com o processo Scrum e tenta eliminar os obstáculos que estão atrasando seu progresso. Esse é o único trabalho dele. Todos os dias.

Enquanto a equipe trabalha nos itens do backlog do sprint, em algum momento ela precisa se reunir com o Product Owner no que é chamado de refinamento do backlog. Esse é um momento crucial para o sucesso do Scrum, na minha opinião. É nessa reunião que o Product Owner mostra todas as suas ótimas ideias para sprints futuros e trabalha com a equipe para deixar essas ideias prontas para execução. Eles decidem precisamente o que determinado item implica e – o mais importante – que critérios serão usados para julgar se esse item está concluído ou não.

Tomemos como exemplo algo que eu faço muito: escrever uma postagem para um blog. Para mim, seria fácil dizer: "Ei, escrevi um texto, está pronto." Mas será que está mesmo? O texto precisa ser editado. Tem que ser revisado. Precisa incluir uma imagem. Deve ser carregado no site. E alguém precisa apertar o botão "publicar". Não se obtém valor algum do fato de eu escrever uma postagem de blog até que todas essas coisas aconteçam. É importante garantir que o trabalho completo seja empreendido, não apenas a parte que você tem que fazer.

Esses critérios podem ser simples, como uma imagem em uma página, ou complexos, como um trabalho que deve atender aos requisitos de segurança de um órgão governamental antes que possa ser considerado concluído porque o projeto da equipe é um dispositivo médico implantável. Falar sobre a importância do trabalho concluído nunca é demais – isso dobrará a produtividade de uma equipe. O motivo é bem simples: se o trabalho a ser feito não estiver claro e se os padrões de qualidade não forem de conhecimento comum, a equipe gastará um tempo excessivo tentando entender qual é o trabalho de fato e, com frequência, descobrirá que não pode começar a agir porque sua parte do trabalho depende de uma tarefa que outra equipe está realizando.

No final de cada sprint, a equipe e o Product Owner realizam uma revisão do sprint. É quando eles mostram às partes interessadas e aos clientes o que terminaram, o que está feito. E, quando digo feito, quero dizer *feito* – nada de quase concluído nem meio pronto, nem algo em que alguém se esforçou muito mas não terminou, e "será que ele não merece elogios por todo esse trabalho?". Feito. E a equipe e o Product Owner receberão feedback de quem estiver na sala: *Gostamos disso. Não gostamos daquilo. Que tal isso? Agora que vimos isso, o que realmente queremos é...* O Product Owner usa esse feedback para repriorizar o backlog do produto, pois agora há dados concretos de clientes reais sobre o que de fato querem, não o que dizem querer.

Existe uma antiga regra prática no mundo do software chamada lei de Humphrey: basicamente, as pessoas não sabem o que querem até ver o que não querem. Você pode fazê-las anotar seus desejos em documentos com milhares de páginas, mas até verem algo que funcione elas não sabem de fato o que querem. E da revisão do sprint sai uma parte do trabalho que pode ser lançada ou publicada. Talvez seja pequena demais para ser posta em serviço, ou talvez não tenha valor até que muito mais coisas sejam feitas, mas essa pequena parte, esse fragmento, está completa e totalmente feita. Nunca precisará ser tocada de novo.

O resultado final da revisão do sprint é uma medida de quanto a equipe fez naquele período, de quão rápida ela é na produção de valor. Chamamos isso de velocidade da equipe. Trata-se da principal métrica do Scrum. Queremos saber com que rapidez as equipes fazem seu trabalho e se é possível ajudá-las a acelerar o ritmo.

Quando examinamos a história, é incrível a frequência com que pequenos eventos que parecem quase irrelevantes na época acabam sendo marcos que definem o futuro. A primeira revisão do sprint foi um desses marcos.

A primeira equipe Scrum estava trabalhando em algo tecnicamente complexo, então não era possível pedir a um cliente comum que verificasse o que estava sendo feito. Meu pai recrutou alguns especialistas técnicos do MIT (Massachusetts Institute of Technology) para dar uma olhada. Eles foram brutais. Questionaram as habilidades da equipe, apontaram falhas fundamentais, suposições equivocadas e assim por diante. O time ficou arrasado. Disseram-me que não foi um dia fácil e que, quando os especialistas terminaram, os membros da equipe só queriam apoiar a cabeça na mesa e desistir. Eles olharam para Jeff, meu pai, e confessaram que não aguentariam passar por aquilo de novo.

"Tudo bem", disse meu pai. "Vocês têm uma escolha: podem ser apenas mais uma equipe de desenvolvimento de software ou uma ótima equipe de desenvolvimento de software. Não posso obrigá-los a nada. Vocês decidem."

E a decisão tomada pelas sete pessoas naquele momento mudou o mundo. É por isso que você está lendo este livro e é por isso que milhões de pessoas ao redor do planeta trabalham de uma forma melhor. Não há muitos momentos na história em que você possa dizer que as pessoas mudaram tudo. Mas esse foi o momento em que o Scrum nasceu.

"Ok", disseram eles. "Mais uma vez."

E o resto é história.

O último evento no Scrum é a retrospectiva do sprint, quando se avalia como a equipe está trabalhando em conjunto. A revisão do sprint é sobre o que foi construído ou que serviço foi fornecido. A retrospectiva do sprint é sobre *como* aquilo foi feito. O Product Owner, o Scrum Master e a equipe se reúnem e tentam descobrir o que correu bem, o que poderia ter sido melhor e o que a equipe quer mudar no modo de trabalho para tornar as coisas melhores e mais rápidas no sprint seguinte.

Então isso é o Scrum. Vou passar o restante deste livro falando sobre como essa estrutura simples mudou o mundo, como permitiu que as organizações se adaptassem e tirassem vantagem do ritmo cada vez mais acelerado das transformações e como ela pode salvar sua empresa, sua carreira e talvez até mesmo sua vida.

## O mundo real sempre muda

Vou dar dois rápidos exemplos de como o Scrum já funcionou em situações verídicas para responder à pergunta que muitas vezes me fazem: "Isso parece ótimo na teoria, mas e no mundo real?" Deixe-me primeiro levá-lo às ruas cobertas de neve de Minneapolis, no estado americano de Minnesota, e a um cara chamado Tom Auld. Tom reforma casas para revender. E ele faz isso usando Scrum.

O processo começa de forma bem comum: Tom identifica uma casa para reformar, geralmente na faixa entre 80 e 100 mil dólares. Então ele monta sua equipe. Nesse caso, a equipe é formada por pessoas que trabalham por empreitada – em geral dois pedreiros, um eletricista, um encanador e um marceneiro.

Tom e a equipe vistoriam a casa, conversando sobre o que precisa ser feito para torná-la vendável. Ou seja, eles criam uma lista de pendências, um backlog. Montam o backlog em uma parede da casa, dividido em três colunas de post-its: "A fazer", "Fazendo" e "Feito". Então discutem o que cada item implica (seja derrubar uma parede ou colocar um novo piso) e entram em acordo sobre o que é preciso para cada um daqueles post-its passar da coluna "A fazer" para "Feito". Quando todos concordam sobre qual é o trabalho e chegam a um consenso sobre quanto esforço acham que será necessário, começam a trabalhar.

Eles dividem seu serviço em seis sprints, cada um com uma semana de duração. Geralmente o primeiro é a demolição. Gastam, em média, dois sprints na parte elétrica, hidráulica e estrutural, outros dois em melhorias específicas e, em seguida, um último sprint nos retoques finais. Toda semana se reúnem, planejam o que farão naquela semana, chegam a um consenso sobre a definição de *feito* para cada uma das tarefas e começam a trabalhar. Todo dia, a equipe inteira analisa a lista de pendências e, em seguida, decide em conjunto como vai atacar o serviço para cumprir a meta da semana. É claro que existem especialidades, mas todos sabem que ou serão bem-sucedidos, ou fracassarão como equipe.

No final da semana, Tom aparece e eles realizam uma revisão do sprint andando juntos pela casa, entrando em acordo sobre o que está feito, o que ainda não está e como o trabalho daquele sprint afetará o backlog dos sprints seguintes. Talvez eles tenham derrubado uma parede e descoberto que o que achavam que seria fácil será difícil – talvez haja alguma infiltração ou a fiação não esteja boa. E, enquanto eles mostram o que está feito, Tom lhes paga pelo trabalho da semana. Muitas vezes, em projetos de construção, os funcionários não são pagos até que tudo esteja concluído, e mesmo assim os clientes muitas vezes demoram a pagar, mas Tom insiste em pagar pelo valor entregue naquele período.

Essa revisão do sprint, a análise do trabalho de fato realizado, também afeta o que a equipe será capaz de fazer no restante do projeto. Tom tem um orçamento e, se as coisas parecerem mais caras do que pensavam, a equipe pode decidir reduzir o escopo. Talvez aqueles novos lambris na sala de jantar simplesmente não possam ser colocados. A equipe tem o poder de mudar seu trabalho em tempo real com base no que está acontecendo em vez de seguir cegamente um plano com o potencial de aumentar os custos.

Toda semana, após a revisão do sprint, todos se sentam e falam sobre como estão trabalhando juntos. Como o eletricista e o marceneiro podem colaborar mais um com o outro na semana seguinte? Existe uma maneira melhor de lidar com as dependências inevitáveis que surgem em qualquer projeto? Dependências são quando você precisa esperar por alguém ou algo antes de ir em frente. Coisas como "Ah, temos que esperar uma entrega do fornecedor" ou "Ele precisa terminar o trabalho antes que eu possa começar o meu". Eles pegam o que aprendem a cada semana para mudar o que farão, reagindo às condições no local, e a forma como o farão, reagindo ao fluxo de trabalho naquele projeto em particular. Por mais que as casas em geral sejam parecidas, o trabalho em qualquer imóvel específico é sempre um pouco diferente.

O papel de Tom como Product Owner traz várias responsabilidades. Ele escolhe a casa mais lucrativa para reformar e revender. Prioriza as melhorias pelo valor comercial: talvez a equipe possa ou reformar o banheiro, ou construir uma cozinha em conceito aberto, mas ele decide qual dessas ações tem mais valor. Todo dia, ao fim da jornada de trabalho, Tom olha tudo que foi realizado e só ele pode mover algo para a coluna "Feito". Assim ele pode reagir repetidamente para aumentar o rendimento. Sua equipe aprecia a clareza, a falta de retrabalho e o pagamento regular e em dia. Seus funcionários são requisitados, mas em geral decidem trabalhar com Tom não por causa do serviço em si, mas pela forma como o trabalho é organizado.

Deixe-me enfatizar a importância de reduzir o retrabalho. Às vezes, em reformas de casas, há mão de obra e materiais extremamente caros, como quando é necessário fazer restaurações de trabalhos delicados em madeira. Isso requer artesãos altamente qualificados e, em geral, madeira muito cara. Mas, quando fazem um pedaço do serviço – digamos, apenas uma parte de uma sanca elaborada – e depois mostram ao cliente, a equipe investe apenas uma pequena quantidade de tempo e dinheiro. Se o cliente disser "Pois é, sei que insisti no carvalho, mas agora que estou vendo quero mogno", isso tem um impacto menor do que se todo um piso fosse feito de uma maneira e, em seguida, o cliente insistisse em mudá-lo. Uma abordagem incremental reduz o custo de mudar de ideia. É possível reagir às condições do trabalho e ao feedback rápido dos clientes.

Sabemos que o trabalho vai mudar. Sabemos que o cliente mudará de ideia assim que vir algo (lembre-se da lei de Humphrey). Em vez de combater essas mudanças inevitáveis, o Scrum as abraça. Em grandes projetos, às vezes organizações inteiras são estruturadas de forma a resistir à mudança. Elas têm solicitações de alteração e comitês de controle de alterações cuja função é limitar as mudanças. E, como sabemos que as coisas sempre mudam, basicamente o que estão fazendo é pagar pessoas para *garantir* que o cliente não consiga o que deseja.

## Vá com tudo ou nem comece

Deixe-me dar outro exemplo, agora em uma escala maior, mas exatamente com o mesmo processo. Vamos falar da 3M. A 3M faz de tudo, de post-its a respiradores, de fitas para demarcação de faixas em rodovias a películas para vidros de carros, de equipamentos odontológicos a softwares de assistência médica. Sua receita em 2017 foi superior a 30 bilhões de dólares e ela opera globalmente.

Em março de 2017, dei um treinamento para profissionais de várias divisões da 3M em Saint Paul, no estado americano de Minnesota. Um sujeito se destacou na turma, um gerente chamado Mark Anderson. Ele não podia me contar exatamente o que estava fazendo, mas perguntou se o Scrum já tinha sido usado em fusões e aquisições. Respondi, com toda a sinceridade, que não tinha conhecimento de nenhum projeto desse tipo em que tivessem usado o Scrum, mas que não via nenhum impedimento para isso.

Algumas semanas depois, vi este comunicado à imprensa:

A 3M (NYSE: MMM) anunciou hoje que chegou a um acordo definitivo para adquirir a Scott Safety da Johnson Controls por um valor total de 2 bilhões de dólares. A Scott Safety é uma grande fabricante de produtos inovadores, incluindo sistemas de equipamento autônomo de respiração, instrumentos de detecção de gás e chamas e outros dispositivos de segurança que complementam o portfólio de segurança pessoal da 3M.

"Dois bilhões de dólares é muito dinheiro", eu disse a Mark quando o vi novamente. Ele me contou que era a segunda maior aquisição da história da 3M e que tinha acabado de ser encarregado da integração. "Sem pressão", comentei, sorrindo. Então ele afirmou que tentaria realizar o processo com o Scrum e que, se pudesse, me contaria depois como tinha sido.

Se você nunca fez isso, saiba que é difícil integrar uma empresa adquirida, ainda mais desse tamanho. Existem questões operacionais, de vendas, salários e RH, processos, marketing, finanças, pesquisa e desenvolvimento. Na minha experiência, muitas vezes a parte mais complicada é a cultura – integrar uma empresa com uma cultura corporativa própria à cultura da nova nave-mãe. Isso pode ser especialmente desafiador quando os dois grupos têm culturas fortes. A 3M possui uma cultura de engenharia notável, com uma história que remonta a gerações. A vida de pessoas depende do fato de seus produtos funcionarem de forma correta toda vez que forem usados. A Scott Safety tinha um ethos semelhante: proteção respiratória, sensores térmicos e outros dispositivos para bombeiros devem operar corretamente toda vez que forem usados.

Mark me ligou no final de 2017 para dizer não só que tinha usado o Scrum no processo, mas que seria bem diferente se tivesse sido executado de outra forma. A maneira tradicional de gerenciar projetos é conhecida pelo pessoal do Scrum como "cascata". No método em cascata, as pessoas tentam mapear o projeto inteiro antes mesmo de começar. Reúnem todos os requisitos possíveis – que às vezes chegam a milhares. Já vi documentos impressos de requisitos com alguns metros de extensão. Todos concordam com a ilusão coletiva de que eles realmente leram a lista inteira e então a equipe de gerenciamento de projetos divide o trabalho em fases.

"Primeiro faremos esta parte", dizem eles, "e isso levará duas semanas." Desenham um retângulo no topo do que é chamado de diagrama de Gantt. "Então passaremos à fase seguinte; isso levará dois meses." E incluem no diagrama um retângulo abaixo e à direita do primeiro. E assim por diante. Como uma linda cascata. Esse diagrama, codificado por cores, pode mapear meses, até anos – já vi alguns com metros de altura e largura. Verdadeiras obras de arte. Lindos.

E estão sempre errados. Sempre. Porque nada corre conforme o planejado. Nunca. Alguma coisa invariavelmente acontece. E então alguns retângulos são movidos. As coisas não serão entregues a tempo. Agora o projeto está atrasado. Isso significa que o diagrama está errado. Mas o diagrama *não pode* estar errado. Então contratam pessoas para fazer com que o gráfico reflita a realidade à medida que a realidade muda. É uma falha humana básica: *Se eu pensar sobre isso o bastante, conseguirei remover todos os erros*. É a *ilusão* de controle.

"O Scrum nos permitiu mudar de estratégia, aprender ao longo do caminho e aproveitar oportunidades nas fases finais do processo", contou Mark. O segredo, disse ele, foi reagir e responder rapidamente às mudanças inevitáveis que surgiam, tanto os riscos quanto as oportunidades.

Então como eles fizeram? Bem, primeiro criaram juntos um backlog do que precisavam realizar. Em seguida, de quais áreas de competência precisavam para executar aquilo. Assim, montaram uma equipe multifuncional de Product Owners que tinha aquelas habilidades: financeiro, pesquisa e desenvolvimento, vendas, marketing e RH. Esses eram os grupos que teriam que coordenar tudo que precisava ser integrado para que a Scott Safety se tornasse parte da 3M.

Cada um desses Product Owners tinha uma equipe. Ou uma equipe de equipes. E, apesar de Mark dizer que o nível do Scrum foi imperfeito e que apenas TI e pesquisa e desenvolvimento o seguiram de fato durante todo o projeto, aquele alto nível de coordenação foi crucial. O mais importante? Os Product Owners se reuniam constantemente para coordenar esforços, compartilhar conhecimento, pedir ajuda uns aos outros e repriorizar a lista de pendências à medida que novas informações se tornavam disponíveis. Por exemplo, se o financeiro precisasse de dados sobre salários, isso entraria no backlog do produto para toda a integração e cada equipe saberia o que precisava entregar para concluir aquela parte do trabalho.

O tempo era curto: seis meses eram tudo que tinham. Assim, todos definiram metas mais abrangentes e toda semana extraíam seus backlogs do sprint de um backlog coordenado geral.

Eles trabalharam em sprints de uma semana. Toda quarta-feira, revisavam o backlog, priorizavam o trabalho para a semana seguinte, faziam uma estimativa do esforço para cada item que pensavam que poderiam concluir naquele sprint e começavam a trabalhar. Não fizeram o Scrum exatamente do jeito que eu expus: reuniam-se três vezes por semana durante 15 minutos para o Scrum diário, não todo dia. Portanto, encontravam-se na sexta-feira para ver como tudo andava, depois na segunda-feira. Todas as quartas-feiras, antes de planejar a semana seguinte, examinavam o que realmente tinham feito, não o que disseram que fariam.

Mark conta que o impacto foi enorme. Em primeiro lugar, visibilidade: o status do processo estava óbvio e claro o tempo todo. Não havia dúvida de como tudo andava, porque um quadro visível exibia as informações constantemente. Ele também diz que, ao concentrar seus esforços em ficar mais rápidos em vez de apenas torcer para que conseguissem fazer tudo, eles de fato se tornaram mais velozes.

Também tiveram problemas, Mark relatou. Não realizaram retrospectivas da forma mais rigorosa possível e acreditam que poderiam ter melhorado ainda mais se o tivessem feito. Mas o alto nível de visibilidade foi capaz de revelar onde estavam ocorrendo desacelerações.

O resultado? No dia seguinte à conclusão do projeto, todos os gestores estavam a postos e todos os funcionários sabiam a quem se reportar. O financeiro estava pronto para trabalhar – sem problemas com previsões diferentes e confusas; tudo estava rastreado e visível. Houve um lançamento global, a sinalização correta estava implementada, as políticas de RH eram claras. Todas as peças incrivelmente complicadas e interligadas de uma integração tão grande se encaixaram com precisão. A 3M se orgulha de inovar constantemente, não apenas em seus produtos, mas também em sua operação. Até onde sei, essa foi a primeira vez que o Scrum foi usado para concluir uma fusão corporativa multibilionária. E funcionou.

Um comentário de Mark me impressionou. Enquanto trabalhavam na integração, já em um estágio avançado do processo, eles identificaram três oportunidades de mercado que teriam um impacto financeiro imediato – desde que agissem rápido. Foi o que fizeram. Jogaram fora parte do plano inicial e mudaram o que estavam fazendo para tirar proveito desses novos aprendizados.

A 3M se orgulha da colaboração entre os funcionários. Ouvi falar que a empresa já usou o Scrum de todas as formas possíveis porque o pensamento Ágil se encaixa na sua cultura. E, como algumas pessoas da 3M lhe dirão, o Scrum promove o pensamento Ágil.

## A mudança sempre muda

Esteja você reformando uma casa ou integrando uma empresa adquirida por bilhões de dólares, o poder do Scrum é tornar a mudança barata. Sabemos que haverá mudança. A única questão é: você luta contra ela ou a aproveita?

O Standish Group relata que, em qualquer projeto, 67% dos requisitos mudam durante o desenvolvimento. Por quê? Bem, as pessoas aprendem enquanto tocam o projeto. À medida que construímos algo, percebemos que algumas coisas que pareciam muito importantes não são. Aprendemos que, embora tenha dito uma coisa e até concordado com vários requisitos, o cliente na verdade não sabia o que queria, ou o mercado mudou, ou o mundo mudou.

Você não começou sua carreira com o objetivo de não entregar o que as pessoas querem. Ninguém faz isso. Todos nós desejamos criar coisas ótimas, serviços fantásticos, produtos incríveis. Mas o sistema que construímos para proteger nossa visão qualificada porém falsa do futuro – o sistema que criamos para proteger nossos egos e nossas reputações – nos proporcionou um mundo onde nada é feito. Gastamos muito tempo e muita energia tentando, mas simplesmente não conseguimos concluir nada. Engessamos nossas organizações a ponto de ser impossível realizar qualquer coisa. Temos documentos e estudos, gráficos e painéis criados para tentar insistir que estávamos certos.

Mas nós não estávamos. Nunca estamos. Sempre teremos que mudar de ideia à medida que aprendemos mais sobre nós mesmos, nossas capacidades, nossos clientes e nosso mundo.

O mais importante é fazer com que essa mudança seja rápida, barata e divertida. Se não for, você não está fazendo do jeito certo.

## RESUMO

***Lembre-se da lei de Humphrey.*** Você não pode ir contra essa lei, mas pode tirar proveito dela. Se as pessoas não sabem o que querem até verem o que não querem, obtenha feedback logo e ajuste seu curso rapidamente.

***Mentiras e "cascatas".*** Reduza os riscos e aumente as chances de sucesso — essas são as promessas do gerenciamento tradicional de projetos ou de sistemas "em cascata". O problema é que eles não funcionam. Planejar todos os detalhes com antecedência ignora o fato inevitável de que algo inesperado sempre acontecerá. Sempre. Quando foi a última vez que você viu um diagrama de Gantt correto?

***O 3-5-3 do Scrum.*** Existem apenas três funções no Scrum: Product Owner, Scrum Master e membro da equipe. Existem cinco eventos: planejamento do sprint, sprint, scrum diário, revisão do sprint e retrospectiva do sprint. E há três artefatos: o backlog do produto, o backlog do sprint e o incremento de produto que a equipe entrega a cada sprint. Não é complicado, mas requer disciplina.

## BACKLOG

- Comece a incorporar o 3-5-3 do Scrum no seu local de trabalho.
- Quem estabelecerá as prioridades?
- Quem será o técnico do time?
- Quem fará o trabalho?
- Crie um backlog do produto.
- Planeje seu primeiro sprint.
- *Mãos à obra!*
- Reúna-se todo dia para coordenar e replanejar.
- Tenha algo completamente pronto ao fim do sprint.
- Reflita sobre o que correu bem e o que poderia ter sido melhor e decida como você se sairá melhor na próxima vez.
- Repita a operação.

CAPÍTULO 3

# Por que não conseguimos decidir

Você acabou de descobrir que tem um problema. Pode ser qualquer coisa. Você está desenvolvendo um projeto e percebe que o design deve ser alterado. Ou se depara com algo que não tinha previsto quando planejou o trabalho e precisa decidir o que fazer. *Será que devo fazer essa coisa superurgente agora ou espero e trabalho na coisa extremamente importante que será incrivelmente valiosa depois?*

Isso nos lembra a famosa matriz de Dwight D. Eisenhower para a tomada de decisões, em que ele classificou as coisas por importância e urgência:

|  | Urgente | Não urgente |
|---|---|---|
| **Importante** | **Quadrante 1**<br>Tarefas importantes e urgentes<br>(Crises, prazos, problemas) | **Quadrante 2**<br>Tarefas importantes mas não urgentes<br>(Relacionamentos, planejamento, lazer) |
| **Não importante** | **Quadrante 3**<br>Tarefas urgentes mas não importantes<br>(Interrupções, reuniões, atividades) | **Quadrante 4**<br>Tarefas nem importantes nem urgentes<br>(Desperdiçadores de tempo, prazer) |

Então, agora você está empacado e precisa decidir em qual desses quadrantes seu novo problema cabeludo se encaixa.

Com quem você precisa verificar? É necessário esperar um comitê se reunir? A agenda de todos está cheia e não há como obter uma resposta hoje – então talvez amanhã, provavelmente depois de amanhã? E qual é o custo desse atraso?

## Latência de decisão

Jim Johnson, fundador e presidente do Standish Group, começou a se interessar por essa questão alguns anos atrás. O Standish Group faz pesquisas sobre como projetos são executados ao redor do mundo, por meio de entrevistas, grupos focais e enquetes. A empresa vem conduzindo essas pesquisas desde 1985 – estamos falando de dezenas de milhares de projetos – e publica regularmente o CHAOS Report, relatório com diversos dados fascinantes sobre o que faz com que projetos sejam bem-sucedidos ou fracassem.

Os gráficos que têm impulsionado a adoção do Ágil no mundo todo são estes:

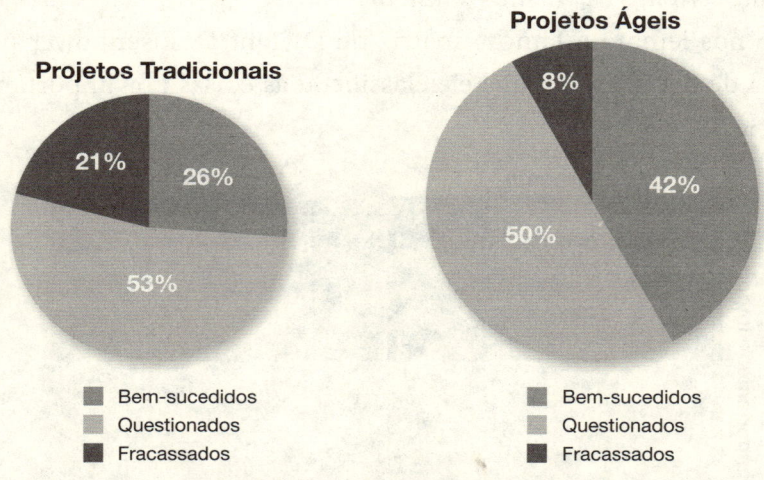

**Projetos Tradicionais**
- Bem-sucedidos: 26%
- Questionados: 53%
- Fracassados: 21%

**Projetos Ágeis**
- Bem-sucedidos: 42%
- Questionados: 50%
- Fracassados: 8%

Na média, projetos Ágeis têm uma taxa de sucesso de 42%, ao passo que projetos tradicionais são bem-sucedidos 26% das vezes.

Projetos Ágeis – e o Scrum é a maneira como a maioria deles é executada – têm menos da metade da probabilidade de fracassar que projetos tradicionais e são bem-sucedidos com mais frequência.

Mas sejamos claros: nem todo projeto Ágil termina bem. A Scrum Inc. e Jim estão investigando por que 50% dos projetos Ágeis ainda são questionados, atrasam, estouram o orçamento ou deixam os clientes insatisfeitos.

Qual é a causa original do fracasso do projeto? O que há nos projetos Scrum que os torna muito mais propensos a serem bem-sucedidos? Um dia, anos atrás, enquanto entrevistava o chefe do gabinete de compras do estado de Massachusetts, Jim descobriu.

"Ele me contou uma história", disse Jim. "Anteriormente, quando trabalhava na prefeitura de Boston, houve uma situação em que precisavam de uma decisão do vice-prefeito para avançar com o projeto. Sessenta funcionários ficaram esperando essa decisão. Sessenta pessoas não conseguiram avançar por seis semanas. A decisão demorou esse tempo todo para ser tomada."

Jim ficou espantado. Aquilo só podia ser uma aberração. Assim, passou a adicionar a pergunta "Com que rapidez você toma decisões?" à sua pesquisa. E, quando examinou os projetos que apresentavam problemas, percebeu que não era uma aberração, era comum. Nos projetos que fracassavam, as pessoas simplesmente não tomavam decisões. O que ele achou mais estranho foi que na maioria das vezes as decisões que deveriam ser tomadas não eram extraordinariamente complexas ou difíceis. Em geral, eram comuns e cotidianas. Mas simplesmente não estavam sendo *tomadas*!

Ele continuou se deparando com isso repetidas vezes depois que começou a fazer a pergunta, então resolveu coletar dados e comparar os resultados – para de fato medir quanto tempo as pessoas levavam para tomar uma decisão sobre um projeto após saberem que tal decisão precisava ser tomada. Porque em qualquer projeto é preciso decidir muitas coisas.

"O que os dados mostram", continuou Jim, "é que é necessário tomar uma decisão a cada mil dólares gastos em um projeto. Portanto, em um projeto de 1 milhão de dólares, cerca de mil decisões precisarão ser tomadas." Elas se acumulam rápido. E, quanto mais essas decisões demorarem a ser tomadas, maior será o custo, já que tempo é dinheiro.

Então Jim criou uma métrica para estimar o tempo transcorrido entre o momento em que fica claro que é preciso tomar uma decisão e o instante em que ela é efetivamente tomada, batizando-a de "latência de decisão". Em seguida, comparou essa métrica à probabilidade de sucesso do projeto. Analisou centenas de projetos em todo o mundo. Os resultados? Piores do que você imagina.

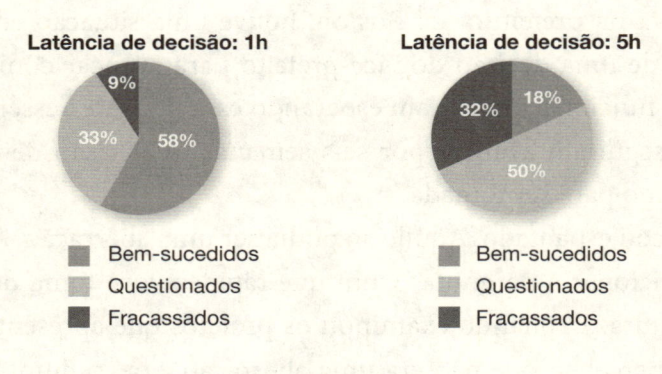

**Latência de decisão: 1h**
- 9% 
- 33%
- 58%

**Latência de decisão: 5h**
- 18%
- 32%
- 50%

■ Bem-sucedidos
■ Questionados
■ Fracassados

Standish Group 2013–2017

Os gráficos mostram o resultado final de muitas centenas de projetos. Daqueles em que as decisões puderam ser tomadas rapidamente, em menos de uma hora, 58% foram bem-sucedidos (entregues dentro do prazo e do orçamento). Quando a demora para tomar uma decisão foi de mais de cinco horas, as chances de sucesso despencaram: apenas 18% desses projetos deram certo. Cinco horas. Não é muito tempo.

Jim levou um ano para decidir divulgar sua pesquisa, porque era impactante demais. Então fez apresentações em faculdades de administração e workshops antes de publicá-la.

"As reações foram muito interessantes", contou. "No início, diziam: 'Não, isso não pode ser verdade. Essa não pode ser a principal causa.' Então pensavam no assunto por um tempo. E aí apareciam e diziam: 'É, talvez você esteja certo.'"

E aqui está o mais surpreendente: a maioria dessas decisões é trivial e fácil. Mas, se houver um processo rígido e hierárquico, em que as decisões precisam subir a instâncias superiores para serem aprovadas e depois voltar lá para baixo, essa jornada leva muito tempo.

Uma fabricante de automóveis global com a qual trabalhamos usa um sistema de aprovação japonês comum chamado *ringi*. O objetivo é criar um consenso entre a gerência sobre o que uma decisão deve ser. Quando alguém propõe algo, a proposta é distribuída para todos na cadeia de tomada de decisões. Depois que todos concordam com ela e a liderança sênior assina, a decisão é tomada. A ideia é que é preciso trabalhar silenciosamente em segundo plano para obter consenso e tornar o terreno fértil para uma proposta. Os japoneses chamam isso de *nemawashi* – literalmente, "circundar as raízes", no sentido de cavar em torno das raízes de uma árvore na preparação para transplantá-la.

Deixe-me contar uma história deprimente sobre como isso funciona. Digamos que você esteja trabalhando em uma montadora de carros nos Estados Unidos e queira gastar dinheiro em algo, como um novo equipamento para a fábrica. Mesmo que o dinheiro já tenha sido alocado para esse novo equipamento no orçamento anual, você deve redigir um *ringi* – no papel. Você precisa escrever uma justificativa detalhada e persuasiva sobre o motivo pelo qual quer gastar o dinheiro. Também deve incluir todos os dados contábeis: quanto gastará, de onde vêm os fundos e para quem vão. Repito: no papel. Depois, há o levantamento de impactos ambientais: quanta eletricidade a máquina consumirá, que impacto em emissões ela pode ter. Tudo isso também é registrado em papel. Essa pilha de papéis é o *ringi*.

Então ele tem que ser aprovado. Primeiro, vai para o grupo de planejamento central. Como um dos engenheiros me contou: "Eles precisam revisá-lo, verificar um monte de coisas que nem entendemos." Em seguida, esse grupo de planejamento central devolve o *ringi* para que seja alterado ou o aprova.

Depois de aprovado, ele deve ser assinado – à mão, lembre-se, pois está tudo em papel. Primeiro, precisa ser assinado pelo gestor da pessoa que fez a solicitação. Em seguida, por um gestor sênior. Então, pelo gestor do grupo. Depois, pelo gerente geral. Provavelmente pelo vice-presidente. Ah, e então o gestor imediato, o gestor sênior, o gestor do grupo, o gerente geral e o vice-presidente do grupo de planejamento central também assinam. Como estamos trabalhando em uma montadora, é provável que precisemos também da assinatura do gerente geral de segurança.

Ainda não terminamos. Em seguida, essa pilha de papéis com todas essas assinaturas precisa passar pela mesma cadeia de aprovação no financeiro. Se houver algum impacto em TI, o gerente geral e o vice-presidente de TI também devem receber essas páginas em suas mesas. E, se a decisão for grande o suficiente, o pacote *ringi* também deverá ir para a sede da empresa, onde passará por uma árvore de aprovação duplicada.

O engenheiro com quem falei teve que fazer apenas um pequeno *ringi* para algo que custava algumas centenas de milhares de dólares. O processo exigiu cerca de 35 assinaturas separadas, a caneta, no mesmo pedaço de papel (e esse caso não foi extremo: às vezes, 50 pessoas precisam assinar). Levou entre quatro e cinco meses, mas pode demorar mais – muito mais. O que fizeram agora na montadora foi criar um *ringi* pré-*ringi* para conseguirem obter algum dinheiro (lembre-se, dinheiro que já foi destinado a isso no orçamento) para iniciar o desenvolvimento de veículos.

Recentemente um grupo foi encarregado de pelo menos automatizar a coisa toda. Está fazendo isso, naturalmente, com o Scrum. O objetivo? Livrar-se do papel. Mover papel através de vários ciclos de feedback é dolorosamente lento. A equipe também vai automatizar algumas das verificações que o grupo de planejamento central faz.

Isso terá dois benefícios. Primeiro, tornará o processo *visível*. No momento, ninguém sabe em que mesa os papéis estão; portanto, não se pode dizer em que pé está o processo. Quase finalizado? No meio do caminho? Parado com alguém por algum motivo que ninguém sabe? Segundo, hoje, se você deseja copiar um *ringi* de alguns anos atrás porque está fazendo a mesma solicitação, é preciso encontrar a pessoa que o solicitou, torcer para ela ter guardado uma das vias (o que pode ou não ser o caso) e copiá-lo. Com a digitalização, será possível verificar um *ringi* que foi aprovado e fazer uma cópia.

Por causa de todas essas camadas, todas essas cadeias de aprovação, com frequência é a pessoa errada quem acaba tomando determinada decisão. Existem diferentes tipos de decisão. Algumas são técnicas, ou de negócios, outras envolvem recursos humanos. E, enquanto algumas dessas decisões são importantes, outras não são. Diferentes decisões devem ser tomadas por diferentes tipos de pessoa. O ideal é que as mais gabaritadas tomem a decisão final sobre cada situação.

"O Scrum é bom porque você pode levar a decisão até o nível da equipe", comentou Jim. "No Scrum, há de fato apenas dois tomadores de decisões: o Product Owner e a equipe. Portanto, os stakeholders ou os executivos têm menos decisões a tomar."

Essa é a chave. Só as pessoas que realmente têm mais conhecimento e mais entendem do assunto devem tomar a decisão. E é assim que decisões rápidas são tomadas. Se você está levando mais de cinco horas para obter uma decisão, é quase certo que tenha precisado enviá-la a uma cadeia de aprovação.

Uma hora – esse é o objetivo. É nesse tempo que as decisões precisam ser tomadas. Esperar que o comitê decida é a receita para o fracasso. Então, como reduzimos esse tempo de tomada de decisões?

## Reavalie suas reuniões

Você tem uma decisão a tomar. Então resolve fazer uma reunião. Digamos que haja 20 pessoas na sala e que vocês levem uma hora para chegar a uma decisão. Pergunte a si mesmo: quanto essa decisão custou? Agora pense em todas as reuniões inúteis das quais você participa toda semana.

Um amigo meu trabalhava em uma universidade americana de elite. Ele me disse que às vezes entrava em uma reunião sem nem saber por que estava lá. Muitas se estendiam por horas e horas. Como um exercício, fizemos as contas. Calculamos que cada reunião custava cerca de mil dólares. Ele ia a, no mínimo, 10 a 15 delas por semana. O custo vai se acumulando.

O verdadeiro problema, no entanto, é ainda pior: é muito provável que as decisões que saem dessas reuniões sejam revertidas. Segundo os dados do Standish Group, mais de 40% das decisões tomadas em reuniões são anuladas. Digamos que uma decisão seja tomada em uma reunião. E digamos que ainda falta uma semana até a reunião seguinte. Durante essa semana, a primeira decisão começa a ser implementada. Então, no encontro seguinte, todos mudam de ideia e uma nova decisão é tomada. Portanto, não apenas uma semana foi desperdiçada, mas agora é preciso desfazer todo o trabalho que acabou de ser feito. É como cavar buracos e enchê-los novamente, trabalho sem propósito.

Há dois motivos para isso acontecer, de acordo com a pesquisa do Standish Group: as pessoas que estavam na reunião e as que não estavam lá. A decisão a que as pessoas que de fato estão no encontro chegam geralmente é tomada pela pessoa que fala mais alto. Ela passa por cima de todos os outros presentes para obter o resultado que deseja. Depois que a reunião termina, as pessoas voltam para suas salas e pensam: *Ah, agora que parei para refletir, eu não concordo com aquela decisão. Vou falar sobre isso na reunião da semana que vem.*

E há também as pessoas ausentes. Talvez devessem estar presentes na reunião. Sem dúvida é o que pensam. Por que não foram consultadas? Bem, certamente aparecerão na próxima para serem *ouvidas*.

Um projeto desanda um dia de cada vez, como Jim Johnson explica. Cada dia de atraso aumenta a probabilidade de fracasso. Uma marcha lenta rumo ao desastre.

## Decidindo quais decisões tomar

O Scrum é configurado para revelar os problemas que estão atrasando você. Ele os revela, lança luz sobre eles. A questão é que existem diferentes tipos de problema e as soluções não estão na cabeça da direção na matriz da empresa. Na verdade, estão com aqueles que têm contato direto com os clientes. Muitas vezes, à medida que sobem na hierarquia executiva, as pessoas ficam mais distantes do que de fato acontece na linha de frente e, ao mesmo tempo, mais convencidas de que têm a melhor percepção das soluções.

Um exemplo radical de tomada de decisões é a Mirai Industry Company. Eles fabricam equipamentos de instalação elétrica – caixas de distribuição, cabos, tubos, coisas assim. Diferentemente da maioria das empresas japonesas, não fazem o *ringi*. O fundador e CEO de longa data até falecer, em 2014, foi Akio Yamada. Yamada achava ridícula a história toda do *ringi* e a proibiu. Dizia aos funcionários que fizessem seu trabalho como achassem melhor e que deixassem as pessoas mais próximas ao trabalho o executarem. "Sou um tolo", escreveu Yamada em seu livro *The Happiest Company to Work For* (A empresa mais feliz para se trabalhar). "Então, como posso julgar?"

Dentro da própria empresa, frequentemente ele ficava sabendo sobre novos escritórios de vendas abertos no Japão quando via o novo cartão de visita de alguém. Os funcionários decidiam por conta própria abrir um novo escritório, alugavam um espaço em um prédio, contratavam e treinavam funcionários. Se ele não permitisse que as pessoas tomassem as próprias decisões, escreveu Yamada, elas teriam que gastar uma energia enorme convencendo o chefe a fazer algo que ele simplesmente não entendia.

No entanto, na maioria das empresas, os chefes insistem em ser informados sobre tudo e tomar a decisão final. Isso leva à tomada de decisões pelas pessoas que menos sabem sobre as situações. Como temem não ter informações suficientes, elas pedem mais. Isso atrasa o sistema.

Em seguida, elas ficam com medo de cometer um erro, então convocam uma reunião de comitê para responsabilizar todos pela decisão.

Conheço um comitê de um grande banco que tem mais de 40 pessoas. É o comitê de risco, e qualquer proposta para praticamente qualquer coisa deve ser aprovada por ele. Os integrantes debatem por horas em teleconferências intermináveis e desanimadoras. No momento em que uma decisão é tomada, não está mais claro de quem foi a ideia e qual problema estavam tentando resolver, para começo de conversa. Assim, nenhum indivíduo pode ser responsabilizado se a ideia der errado.

Esse comitê foi criado para proteger o banco, que tomou algumas decisões desleixadas e foi multado em dezenas de milhões de dólares pelo governo. Eles não queriam que isso acontecesse de novo, então colocaram várias pessoas muito importantes nesse comitê, como se dissessem à agência reguladora: "Olha, nossa liderança sênior está se certificando de que não faremos esse tipo de coisa novamente." Agora, no entanto, o comitê de risco não é uma trava apenas para as decisões erradas – é uma trava para qualquer decisão, que pode levar meses. Quando essas dezenas de pessoas enfim chegam a um consenso, tanto capital político foi investido nessa decisão que ela não pode ser a decisão errada. Isso seria impossível com tanto intelecto executivo aplicado à questão. *Não, aqueles funcionários irritantes que de fato executam as coisas é que falharam em implementar a decisão que foi tomada.* Infelizmente, esse tipo de comitê de risco é muito comum no setor financeiro.

O problema é que as funções de controle costumam se espalhar. O que a princípio era uma alçada muito restrita pode crescer rapidamente para muito além de sua intenção original. Essas pessoas não são ruins. O problema é que foi criado um sistema para controlar decisões, para obter consenso, que não apenas desacelera as coisas, mas quase garante que a decisão errada seja tomada, porque, quando se chegar a ela, é quase certo que o momento tenha passado. A questão já foi resolvida de uma forma ou de outra nesse meio-tempo. Se você optar por não decidir, ainda assim fez uma escolha.

## Não vai funcionar aqui

Ouço muito dos céticos em relação ao Scrum: "Não vai funcionar aqui. O que fazemos é complexo demais. Imprevisível demais. Difícil demais para um sistema que dá autonomia às equipes." Não consigo entender por que eles acham que o gerenciamento de projetos tradicional pode dar conta de seu projeto tão único e especial, mas de fato acreditam nisso. Ou então dizem que o Scrum pode ser bom para desenvolvimento de softwares, mas em sua área de trabalho supercomplexa e muito mais difícil ele simplesmente não pode ser aplicado.

Dou aulas abertas ao público com bastante frequência. E a variedade de pessoas que aparecem é incrível. Elas vão de banqueiros, industriais, editores e fabricantes de produtos biofarmacêuticos a pesquisadores, prestadores de serviços terceirizados, educadores e trabalhadores de organizações sem fins lucrativos. Os alunos quase sempre representam uma boa diversidade de setores, conhecimentos e funções.

Mas, se você é um daqueles céticos, permita-me compartilhar a experiência de uma pessoa que implementou o Scrum em uma área que provavelmente é mais arriscada, mais veloz e com muito menos espaço para erros que a sua.

Jon Haase, comandante da Marinha dos Estados Unidos, entrou em contato comigo alguns anos atrás. Pouco tempo antes, ele tinha assumido o comando de uma unidade móvel de descarte de material explosivo e queria implementar o Scrum nela. Sua intenção era trabalhar mais rápido e com mais qualidade em um dos ambientes mais exigentes do planeta.

O Descarte de Material Explosivo é a menor equipe das Forças Especiais do país, com umas 2 mil pessoas. Mas todas precisam estar aptas a trabalhar com qualquer uma das outras unidades em qualquer lugar do planeta, em qualquer ambiente. Têm a tarefa de destruir ou tornar inerte qualquer coisa que possa explodir, de minas e projéteis a dispositivos explosivos improvisados, como bombas à beira da estrada, comuns no

Iraque, por exemplo. Trabalham em terra e debaixo d'água e sua tarefa é tornar seguras até mesmo as armas mais mortais do mundo, aquelas com cargas nucleares, químicas ou biológicas. Fazem outras coisas também, mas o que exatamente é segredo de Estado.

E Jon decidiu gerenciar seu comando, um dos mais exigentes nas Forças Armadas, com o Scrum. Dada a natureza de sua função, entrevistas com alguém como Jon são raras. Ainda assim, enviei-lhe uma lista de 12 perguntas sobre o Scrum e seu trabalho. Ele foi autorizado a responder a nove delas por e-mail. Não quero colocar palavras na boca dele, então compartilharei o e-mail que recebi.

Sua resposta começa com este aviso:

As opiniões fornecidas são do autor e não representam necessariamente as opiniões do Comando de Combate Expedicionário da Marinha, do Departamento da Marinha, do Departamento de Defesa ou do Governo dos Estados Unidos.

**Quando você ouviu falar no Scrum pela primeira vez?**
Quando estava me preparando para assumir o comando. Eu estava entrando em contato com mentores e montando uma lista de leitura que abrangia muitos tópicos, desde liderança e gestão até comunicação e inteligência emocional. Foi nesse processo que encontrei o Scrum. Quando o conheci, comprometi-me a aprender mais com o livro *Scrum*. Isso foi há aproximadamente dois anos e iniciou minha jornada de aprendizado sobre Agilidade e a estrutura do Scrum.

**O que o inspirou a implementar o Scrum no Descarte de Material Explosivo?**
Em vez de tomar decisões, tentamos realizar experimentos sempre que possível. Esses experimentos têm algumas condições necessárias para serem implementados. A primeira é que o custo deve ser baixo

e o risco deve ser muito baixo. Eles também devem ser de natureza temporária e reversível caso a experiência seja malsucedida. Finalmente, deve haver alguma métrica que possamos monitorar para ver se foi alcançado o resultado pretendido.

A implementação do Scrum atendeu a todos esses requisitos.

Não foi preciso dinheiro para iniciar o experimento; havia baixo risco de implementar o Scrum; era temporário e poderia ser facilmente revertido se não tivesse êxito; e incluía métricas como velocidade para avaliar sua eficácia. Quando medimos a produtividade semana após semana, a produtividade semanal pode ser acompanhada e é conhecida como velocidade da equipe.

**Como o Scrum foi estruturado? Como vocês o implementaram?**
Estruturamos nossa implementação do Scrum para ser consistente com as funções, atividades e artefatos da estrutura do Scrum. O Scrum Master era o oficial executivo (o segundo em comando), o Product Owner era o comandante e a equipe Scrum foi formada pelos demais que ocupavam cargos-chave. A composição do grupo mudou ao longo do tempo, à medida que refinamos nossa compreensão sobre por quais produtos e serviços cada membro do comando era responsável.

**Qual foi o impacto imediato?**
A velocidade da equipe começou em 4 pontos por dia e cresceu em um ritmo contínuo para 50 pontos por dia. O impacto imediato foi que melhorou as comunicações, a priorização e a conclusão de tarefas.

**Quais foram os elementos que sofreram mais impacto? Por quê?**
Sofreram maior impacto a definição dos objetivos e o cronograma de todas as atividades. Embora muitas atividades refletissem ações habituais na vida militar, elas careciam da clareza em relação aos objetivos e ao cronograma; e obtivemos isso com o uso do Scrum.

A compartimentação do tempo também se tornou parte essencial de nossa vida diária.

O motivo pelo qual a compartimentação do tempo e a compreensão dos objetivos de cada evento se tornaram tão vitais é que podíamos medir nossa eficácia em relação a objetivos comuns, compreendidos e ponderados toda vez que a equipe se reunia. Isso nos tornou mais focados, e esse foco nos permitiu trabalhar de forma mais significativa.

**Você pode dar um exemplo de algo que foi capaz de fazer com o Scrum que antes não conseguia?**
Como líder, estou muito mais sintonizado com os efeitos que minhas ações têm sobre a equipe. Ao conduzir retrospectivas rigorosas, sei como minhas ações afetam a felicidade do grupo.

Por exemplo, durante um sprint forcei a equipe a alcançar um objetivo específico que não estava de acordo com algumas das prioridades que tínhamos estabelecido no início. Na retrospectiva, pedi a opinião dos integrantes da equipe e recebi um feedback honesto sobre como minhas ações haviam causado uma queda acentuada na felicidade da equipe. Sem o Scrum, eles não teriam um mecanismo para fornecer esse feedback para mim e eu nunca saberia os resultados de minhas ações.

**O que foi difícil fazer durante o estabelecimento do Scrum? Foi necessário implementar alguma mudança?**
Foi difícil convencer a equipe de que precisávamos realizar todos os eventos do sprint. Embora houvesse ampla aceitação do Scrum diário, as pessoas sentiam que estávamos gastando muito tempo em reuniões realizando refinamentos de backlog e retrospectivas, o que nem sempre era valorizado. Aos poucos, à medida que começou a entender o impacto de coisas como ter uma lista de pendências limpa e preparada ou perguntar sobre a felicidade da equipe e pedir

sugestões de melhoria contínua nas retrospectivas, a equipe passou a aceitar melhor e aprovar mais esses eventos.

**Conte-nos sobre seu sprint. Como e onde vocês realizavam cada evento?**
O sprint começa na segunda-feira de manhã, quando nos reunimos com todos os nossos pelotões para a reunião semanal de sincronização. Isso nos permite solicitar feedback de todas as equipes que operam dentro do comando.

A partir daí, entramos no planejamento do sprint, quando podemos pegar as informações que acabamos de receber e incorporá-las ao nosso plano para o sprint. Quando o plano está concluído, passamos para o Scrum diário e discutimos como começaremos o trabalho. Tudo isso é feito em nossa sala de conferências.

Então, temos o Scrum diário na mesma sala de conferências, usando nosso quadro de equipe, que está disponível para qualquer pessoa no comando ver. Na quarta-feira à tarde, nos reunimos para realizar o refinamento do backlog.

O refinamento do backlog envolve discutir e priorizar o trabalho a ser feito. Na sexta-feira, temos uma chamada geral com nossos marinheiros para apresentar a eles o trabalho que realizamos. Essa é a nossa revisão do sprint. Sexta-feira à tarde, reunimos a equipe para nossa retrospectiva em frente ao quadro de equipe.

**A abordagem vai durar depois que você sair?**
É impossível prever o futuro, mas as bases estão lá e existe infraestrutura para o Scrum sobreviver ao meu mandato.

Agora, pense no que você acabou de ler. Retire a menção ocasional a patentes e marinheiros e se concentre nos pontos-chave. Esse não é um exemplo militar; é um exemplo de como o Scrum funciona em um ambiente complexo, difícil e imprevisível.

O comandante Haase e sua equipe sempre foram altamente qualificados e motivados. Como integrantes das Forças Especiais, são os melhores dos melhores. No entanto, após a implementação do Scrum, viram a produtividade melhorar de 4 para 50 pontos por dia em 18 meses. Isso representa um aumento de 1.250%.

Embora o trabalho realizado seja altamente tecnológico, essa não é a história de uma startup de software ou de uma equipe que está criando um produto. De certa forma, eles são uma empresa de serviços com entrega altamente especializada, perigosa e letal. Desde que trabalhei com Jon, tem havido um fluxo constante de oficiais das Forças Especiais da Marinha em minhas aulas. E são pessoas que, acima de tudo, se concentram nos resultados. Não há tolerância para nada que não as torne mais rápidas e mais eficazes.

Como jornalista, sei que o ceticismo pode ser saudável. Mas ele deve ser equilibrado com a aceitação da prova. Caso contrário, é contraproducente, até destrutivo, especialmente quando é apenas um disfarce para o simples medo da mudança.

## À beira do caos

Em Ann Arbor, cidade onde fica a Universidade de Michigan, havia um estudante de pós-graduação no início dos anos 1980 que era fascinado pela ideia de simular a vida dentro de um computador. Esse estudante, Christopher Langton, começou a brincar com o que chamou de autômatos celulares.

Autômatos celulares são células em rede cujo estado evolui ao longo do tempo com base em um conjunto de regras. Cada célula está em uma vizinhança de outras células cujo estado a influencia. A vizinhança mais simples tem apenas as células tocando outra célula. E as regras podem ser simples: por exemplo, se a célula ao meu lado estiver ligada, eu também ligo. Em um cenário mais complexo, se dois de meus vizinhos estiverem ligados e um de meus vizinhos estiver desligado, eu desligo.

Isso pode se complicar bem rápido. Vou poupar você da matemática, mas o que Langton fez foi categorizar os conjuntos de regras pelo volume de mudanças que causavam. Ele chamou essa métrica de "lambda". Quanto maior o lambda, mais mudanças o conjunto de regras causa. Um lambda mais baixo gera menos mudanças. Foi aí que algo muito interessante aconteceu. Se o lambda for baixo demais, tudo fica rapidamente congelado e estático. Se o lambda for alto demais, o sistema se torna caótico. Mas, entre esses dois estados, há uma transição de fase. As regras não podem ser muito rígidas, porque paralisariam o sistema, e não podem ser muito frouxas, porque levariam o sistema ao caos. Deve haver estrutura suficiente, e apenas suficiente, bem ali à beira do caos.

E essa beira do caos, ao que parece, descreve muitas coisas diferentes. Não é interessante somente do ponto de vista matemático e computacional. Descreve o que passou a ser chamado de sistema adaptativo complexo. É onde é possível ver os resultados de um sistema *apenas enquanto ele está funcionando*. Mesmo se você entender completamente cada parte de um sistema, só quando essas partes começam a interagir é que as propriedades emergem das interações. E não dá para prever quais serão elas.

Meu pai diz que essa é a epifania que levou à criação do Scrum. Ele estava executando um grande projeto em cascata em um banco quando leu o artigo de Langton. O estudo lhe mostrou, conta ele, por que seu projeto estava com anos de atraso e dezenas de milhões de dólares acima do orçamento. Andar à beira do caos, onde Langton viu a maior velocidade de evolução da vida digital – foi para isso que o Scrum foi *projetado*.

Deixe-me usar o trânsito como exemplo. Todas as manhãs, em todo o planeta, sem que haja qualquer comunicação formal, centenas de milhões de pessoas entram em seus carros e percorrem as ruas a caminho do trabalho. Você é uma delas. Café na mão, você se torna uma parte do sistema conhecido como trânsito. Talvez haja um acidente e alguém diminua a velocidade para dar uma olhada. A pessoa atrás também desacelera um pouco e então outra pessoa faz o mesmo, e logo se tem um efeito cascata que interrompe toda a via. E aí você decide tentar uma alternativa, sair da rodovia e pegar as ruas internas. Mas não é o único com essa ideia, e logo as pessoas estão correndo pelas ruas secundárias, causando um engarrafamento. Então você tenta uma rota diferente e descobre que, se for por aquele beco e passar pelo estacionamento do supermercado, pode escapar da confusão. Esse é o sistema, através da ação individual, buscando uma solução.

E este é o problema com problemas: não são apenas os autômatos celulares que agem de formas adaptativas complexas – a economia, a ecologia, a neurologia, as equipes e até a própria sociedade fazem isso. Se as regras forem rígidas demais, nada muda. Uma cultura se fossiliza. Nada pode ser executado. Por fim, a estrutura entra em colapso. Como ocorreu com a União Soviética no final da década de 1980. Estável por muito tempo, sofreu um colapso repentino. No entanto, se as regras forem demasiado frouxas, o caos se instalará. Motins nas ruas; cada um por si; nenhuma coesão social.

Se há estrutura suficiente para viver nesse limite do caos, é aí que coisas interessantes acontecem. A criatividade floresce e pode ser canalizada. Ideias surgem e são aplicadas. Existe liberdade de expressão, mas também alguns controles para dar foco a ela.

A outra coisa estranha sobre esse tipo de sistema é que mudanças muito pequenas podem ser amplificadas de maneira dinâmica e não linear. Em outras palavras, se você mudar algo, todo o sistema pode se transformar. É isso que permite que os elementos individuais se auto-organizem para resolver problemas dinamicamente. É também o que torna impossível determinar, no início de um processo, o que acontecerá a seguir, embora, no final, possa parecer óbvio que as coisas ocorreriam daquela maneira. Tome a Revolução Americana como exemplo. Hoje, parece inevitável que as colônias se revoltassem, dispensassem os ingleses e fundassem os Estados Unidos da América. Mas, se você ler fontes da época, ninguém tinha ideia do que aconteceria. Esse não era realmente o plano até que os acontecimentos tomassem os colonos de assalto. E o sucesso deles foi por pouco.

Lembro-me de como Arthur Wellesley falou sobre a Batalha de Waterloo, que encerrou a Era Napoleônica para sempre. Ele a chamou de "a coisa com resultado mais apertado que você já viu". Em uma carta, ele a descreveu desta forma:

> A história de uma batalha não é diferente da história de um jogo. Alguns indivíduos podem recordar todos os pequenos eventos cujo grande resultado é a batalha vencida ou perdida, mas nenhum indivíduo consegue lembrar a ordem ou o momento exato em que ocorreram, o que faz toda a diferença quanto a seu valor ou sua importância.

Parece óbvio depois, mas ninguém consegue se lembrar de todas as forças individuais que estavam agindo em um determinado momento. Pode ter sido apenas uma pessoa, em um instante, que fez exatamente a coisa certa e então tudo virou. Em uma época em que às vezes parece que a ação individual não tem qualquer impacto, acho animador saber que, se tocarmos o sistema da maneira certa, um indivíduo pode fazer toda a diferença.

A reação comum da administração tradicional de espaços complexos é estabelecer mais controles – criar mais regras em um esforço para controlar o caos. Mais semáforos. Mais câmeras. E a coisa toda para. Torna-se impossível tomar decisões.

O Scrum é uma tentativa de fornecer às pessoas uma ferramenta para gerenciar esse tipo de sistema. Em vez de tentar restringi-lo, o Scrum cria a estrutura na medida certa, apenas as regras necessárias. Pode parecer caótico, mas não é. O Scrum não é estático. É um controle sutil. Uma pessoa, ou talvez toda pessoa, pode contribuir.

Uma empresa global de petróleo pediu que trabalhássemos com algumas de suas equipes responsáveis por decidir onde perfurar novos poços. Eles tinham um elaborado sistema por fases pelas quais os engenheiros precisavam passar. Esse sistema exigia muita supervisão, muita documentação e muitas, muitas reuniões. Quando os instrutores da Scrum Inc. chegaram e transformaram os grupos em equipes Scrum, falamos para a administração: "Parem de dizer a eles o que fazer. Em vez disso, tornem-se seus mentores. Cada membro da equipe é um ator individual, e todos trabalham em conjunto para atingir o objetivo, que é o de fornecer novos poços. Permitam-lhes a liberdade de fazer isso."

É claro que as equipes precisavam produzir alguns documentos e conduzir os estudos adequados. Mas descobriram o que era necessário para tomar a decisão de perfurar. O que nós fizemos foi conversar sobre o que realmente produziam em cada fase e colocar isso tudo na parede para que qualquer um pudesse ver. Então, ignorando os passos tradicionais e concentrando-se nos resultados, eles puderam priorizar: conseguiram ver como trabalhar juntos para entregar de forma incremental. Pegaram um sistema por fases que os limitava e o transformaram em um backlog Ágil executável.

No Scrum, cada indivíduo da equipe contribui com seus pensamentos, ideias e insights. As equipes têm o poder de moldar tudo. Em uma estrutura tradicional, essas ideias são esmagadas pelo sistema: seus controles, seus limites, mais e mais estrutura. Tudo é paralisado.

Em vez disso, o Scrum se concentra nas dinâmicas sistêmicas não determinísticas e complexas e as explora. Ele entrega resultado ao não centralizar a tomada de decisões em um só lugar, mas direcionando-a para os pontos onde está o conhecimento – para as equipes e o Product Owner –, a fim de que as coisas possam realmente ser feitas sem espera. É um sistema complexo com um propósito. Ou, como disse Langton, um caos determinístico.[1]

## O perfeito é inimigo do bom

A verdadeira resposta para qualquer decisão que você venha a tomar só emergirá das interações entre os elementos individuais do sistema. Para citar Eisenhower novamente:[2]

> Os planos são inúteis, mas o planejamento é tudo. Há uma grande distinção, porque, quando se está planejando para uma emergência, é preciso começar pela seguinte questão: a própria definição de "emergência" é que ela é inesperada e, portanto, não acontecerá como o planejado.

No entanto, as pessoas adoram planos (sobretudo os próprios planos), então fazem muitos deles. E querem o plano perfeito, por isso exigem mais relatórios e mais dados para tomar a decisão certa. Contudo, isso inevitavelmente demora cada vez mais e, em vez de o objetivo ser chegar a uma decisão, o processo de tomada de decisões se torna o objetivo. Há estudos, reuniões e debates, mas nada é realmente feito. Essa abordagem pode se desenrolar por muito tempo, dependendo da natureza da decisão, porque todos desejam o plano perfeito e pensam que, se tiverem informações suficientes, podem chegar lá.

Entretanto, repito: não existe plano perfeito, porque é impossível saber de antemão os resultados de um sistema dinâmico. O melhor caminho é experimentar *alguma coisa* e obter feedback logo. Qualquer ação é melhor que nenhuma ação. O Scrum permite que você replaneje o curso, mude de ideia, procure uma rota diferente em direção à meta. Cada decisão rápida molda a seguinte.

Em 1999, na IBM, um sujeito chamado Dave Snowden criou uma maneira de analisar problemas para ajudar os líderes a saber que tipo de problema estavam enfrentando e que tipo de solução deveriam procurar. Ele chama isso de modelo Cynefin – *cynefin* é uma palavra galesa que significa "habitat" –, porque você precisa saber onde está.

O primeiro tipo de problema no modelo de Snowden é *simples* ou óbvio. Essa é a espécie de problema que já foi resolvido. Na verdade, existe uma prática consagrada que funciona o tempo todo. Depois de determinar que um problema é simples, você pode aplicar uma receita conhecida da sua lista de cartas na manga. Por exemplo, um banco não deve fazer empréstimos para pessoas com nível $x$ de endividamento. Com problemas simples, a relação entre causa e efeito não é apenas clara, mas óbvia.

O segundo tipo de problema é *complicado*. É aquele problema em que se tem um desconhecido já familiar. Tomemos o exemplo da empresa de petróleo: quando os geólogos realizam uma pesquisa sísmica para saber onde perfurar um poço, não sabem a resposta, mas sabem como encontrá-la. Esse é o domínio do especialista. Depois de verificar que o problema é solucionável, é possível encontrar uma solução, mesmo que ela seja complicada. Se tiver conhecimento suficiente, você poderá descobrir causa e efeito. Sempre penso nisso quando levo meu carro ao mecânico. Está fazendo um barulho estranho e fico preocupado. Não sei como resolver esse problema, mas sei que meu mecânico sabe ou é capaz de descobrir.

O terceiro tipo de problema é *complexo*. Essa é a espécie de problema de que viemos falando. Aqueles em que só é possível descobrir depois por que o que aconteceu *aconteceu*. Aqui é preciso algum tipo de ação. É necessário fazer algo para ver o que acontece antes de agir novamente.

Problemas complexos são o tipo com o qual a maioria de nós luta o tempo todo. As respostas são desconhecidas e não somos capazes de observar todas as forças em jogo. Mas temos que fazer alguma coisa. E o que acontece será surpreendente.

Deixe-me contar a história do Twitch. Se você não o conhece, trata-se de um serviço on-line que permite que as pessoas transmitam vídeos de si próprias jogando um videogame para que outras possam assistir. Esse não é um produto óbvio, exceto em retrospecto. Mas o Twitch é uma incrível história de sucesso. A Amazon o adquiriu por 970 milhões de dólares em 2014.

A primeira ideia de produto dessa empresa foi um calendário que se integraria ao Gmail. Obviamente, logo em seguida o Google lançou o Google Agenda. Então a empresa decidiu entrar na transmissão ao vivo pela internet. Um dos fundadores transmitia sua vida inteira, 24 horas por dia, sete dias por semana. Uma câmera na cabeça, uma mochila grande com um computador, sempre filmando. Eles criaram um serviço de transmissão ao vivo pela internet incrivelmente rápido, que muitas pessoas podiam usar ao mesmo tempo. Mas, no fim das contas, ninguém queria muito assistir àquela transmissão ao vivo.

Então eles expandiram a ideia – será que as pessoas queriam fazer transmissões ao vivo de si próprias? Isso também não funcionou, e a empresa estava ficando sem dinheiro. Daí eles perceberam que muita gente assistia a transmissões ao vivo de pessoas jogando videogame. Esquisito. Mas eles mergulharam nessa ideia, e de fato há um público ávido de fãs e jogadores amadores que querem assistir aos melhores gamers. É possível ganhar uma pequena fortuna apenas jogando videogame e transmitindo a filmagem para outros assistirem.

Esse é um exemplo extremo de solução para uma necessidade que ninguém sabia existir. Mas os problemas que enfrentamos hoje nos negócios, na política e na sociedade são difíceis. Muitas vezes, simplesmente não sabemos como solucioná-los. E às vezes não sabemos nem mesmo como nos aproximarmos da solução.

Portanto, você precisa experimentar *alguma coisa* e depois ver o que acontece. Pegue os resultados disso e ajuste o que está fazendo. Então experimente de novo. Ajuste mais uma vez. E deixe a solução emergir. É isto que o Scrum é: uma série de pequenos experimentos em períodos curtos de tempo para encontrar uma solução para um problema complexo.

O último tipo de problema na estrutura Cynefin é *caótico*. Aqui temos uma crise. Como Eisenhower disse, é impossível se planejar para emergências. O necessário para lidar com uma emergência é uma ação rápida e segura da liderança.

Digamos que haja um tsunami, ou que uma plataforma de petróleo exploda, ou que um levante se transforme em uma revolução, ou que haja um colapso da Bolsa de Valores. A primeira coisa a fazer é agir rapidamente e começar a tomar medidas para conter o problema, definir seus limites, tirá-lo do campo do caótico e levá-lo ao reino do mero complexo.

Um exemplo que uso para descrever esse tipo de problema é uma revolta. Certa noite, durante a Primavera Árabe, eu estava no meio de uma multidão que decidiu invadir o prédio do parlamento, ou algo assim. De qualquer forma, essas dezenas de milhares de pessoas iam em direção aos portões do parlamento. Então gritos eclodiram de um lado. Foi quando a multidão ficou caótica, todo mundo correndo sem saber o que fazer, e os indivíduos se transformaram em uma turba. Eu estava no meio disso com uma jovem estudante americana que contratei como intérprete porque ela falava árabe. Eu disse a ela – e vou dizer a você – o que fazer em um tumulto:

Em primeiro lugar, não entre em pânico. Isso é essencial. O medo cego é o que leva as pessoas a serem pisoteadas e mortas. Segundo, encontre algo sólido que não possa ser derrubado facilmente, como um poste ou algo assim. É bizarro: a multidão se abre ao seu redor como um rio em torno de uma pedra. O que você fez foi transformar o caótico em complexo. Pare por um minuto. Respire. Descubra quais são as rotas de fuga. Você tem essa liberdade agora. Não pode fazer nada quando é apenas outro corpo sendo arrastado, mas, se conseguir se afastar do barulho e do medo, poderá começar a elaborar um plano.

Aqui a velocidade é importante. Atrasar a decisão só vai piorar o problema. Ao repetir o processo depressa – experimentar alguma coisa, ver a resposta, tentar de novo –, você finalmente vai conseguir controlar a crise. Essa abordagem de tentativa e erro pode parecer aterrorizante no momento, mas também é uma oportunidade. Novas maneiras de fazer as coisas surgirão à medida que as pessoas tentam descobrir como trabalhar em um ambiente que não existia no dia anterior.

## Caos. Incerteza. Ação.

Na manhã de 11 de setembro de 2001, Kenneth Holden e seu vice Michael Burton eram os líderes de uma burocracia obscura nas profundezas da prefeitura, o Departamento de Design e Construção (DDC). Eles supervisionavam os contratos de construção para reparos nas ruas, bibliotecas, tribunais – as minúcias físicas de uma cidade tão gigantesca quanto Nova York. Na fatídica manhã de terça-feira, ninguém sabia o que fazer depois que os aviões atingiram o World Trade Center. O tão elogiado Escritório de Gerenciamento de Emergências não agiu. Tudo que Holden e Burton sabiam era que precisavam levar enormes quantidades de equipamentos e expertise até o local do World Trade Center para começar a vasculhar os destroços – a fim de procurar sobreviventes e limpar a gigantesca pilha de detritos que restara.

Eles não tinham uma estratégia sensacional; pensavam no que iriam fazer com uma antecedência de poucas horas. Na verdade, nem deveriam estar envolvidos naquele esforço, mas começaram a ligar para construtoras envolvidas em contratos anteriores. Conseguiram que levassem refletores naquela mesma noite para que os esforços de resgate pudessem continuar na escuridão. Contornaram todas as regras e procedimentos convencionais e escolheram quatro construtoras para iniciar o trabalho.

No início, a polícia e os bombeiros mostraram resistência. Mas os dois continuaram a tomar decisões: *Este edifício é seguro para fazer uma busca? Provavelmente.* Em geral, esse tipo de desastre passa para o comando da Agência Federal de Gerenciamento de Emergências e do Corpo de Engenheiros do Exército. Mas, daquela vez, quando as agências federais perguntaram o que estava acontecendo, foram informadas do que estava sendo feito – e foram orientadas a se manter de fora. Burton não estava pedindo permissão a ninguém.

E eles foram tão eficazes, realizaram tanta coisa, coordenaram tão bem aquele projeto enorme que o prefeito Rudolph Giuliani disse às outras agências da cidade, as que deveriam estar no comando, que se afastassem e deixassem o DDC administrar o trabalho. Eles montaram um centro de comando em uma sala de aula de jardim de infância, como William Langiewiesche relatou em seu excelente livro *American Ground: Rebuilding the World Trade Center* (Solo americano: reconstruindo o World Trade Center):

> Ninguém teve tempo para ponderar opções e traçar planos. Era preciso ação, ação pura. Por conta da necessidade de uma comunicação clara, Burton instituiu duas grandes reuniões por dia em uma das salas do jardim de infância – um sistema de gerenciamento simples e de baixa tecnologia que provou ser particularmente adequado ao apocalipse lá fora. O raciocínio de Burton era lúcido, como sempre. Para mim, ele disse: "A única maneira de controlar a situação é ter todos aqui. Não há tempo para distribuir memorandos ou aguardar a cadeia de comando. O grupo inteiro tem que ouvir quais são os problemas. As decisões precisam ser tomadas e todo mundo precisa ouvir sobre essas decisões. Temos que manter todos se movendo na mesma direção."

Michael Burton passou a ser conhecido como o "czar do Trade Center". Ele definiu, modelou e coordenou o modo como 3 mil pessoas removeram 1,5 milhão de toneladas de entulho, cinzas e aço em menos de um ano. Ação, ação pura, é o que é necessário para transformar uma situação caótica em complexa.

A principal lição aqui está em quase todas as circunstâncias: a primeira coisa a descobrir é onde você está e, em seguida, começar a conduzir experimentos para ver se você está, na verdade, onde pensa estar. Tome uma decisão; não espere. As pessoas que demoram são surpreendidas pelos acontecimentos. Aquelas que agem aproveitam as oportunidades criadas por eles.

## Não deixe que as sombras o enganem

A maioria das pessoas nem sequer pensa no fator tempo. Não entendem que todo momento é precioso. Depois que esse instante se vai, não podem recuperá-lo. Não sabem que, toda vez que esperam, aumentam a probabilidade de fracasso ou atraso. Se você pode fazer uma coisa, apenas uma, certifique-se de realizar um Scrum diário com todos que são necessários para tomar decisões sobre o que está fazendo. Algo tão simples quanto se reunir reduzirá drasticamente a latência de decisão. E quanto mais decisões você não precisar tomar, capacitando suas equipes e seus Product Owners a tomá-las em seu lugar, mais rápido será o processo de tomada de decisões. É algo simples, mas você começará a moldar uma organização que permite que aqueles que sabem mais sobre um problema resolvam como corrigi-lo.

Usemos outro exemplo napoleônico: o Grande Exército de Napoleão Bonaparte, que atravessou a Europa como uma onda, vitória após vitória, conquistando o continente em apenas alguns anos. Naquela época, quando alguma unidade de soldados via o inimigo, a regra geral era não se envolver, mas enviar uma mensagem de volta ao comando para perguntar o que fazer. Napoleão mudou tudo isso com duas regras simples. Primeira: *Se vir o inimigo, comece a atirar.* Segunda: *Corra em direção ao som das armas!* Essas duas regras permitiram que dezenas de milhares de tropas francesas se auto-organizassem e levassem todo o peso de suas forças para onde a ação estava, sem pedir permissão ou orientação a ninguém.

Uma unidade começava a atirar, as unidades próximas cavalgavam em direção a ela e começavam a atirar também, e isso se espalhava como fogo, com cada vez mais forças francesas colocando pressão exatamente onde era necessário. Essas duas regras mudaram a guerra para sempre.

Não espere. Aja.

> ## RESUMO
>
> ***Não espere para tomar uma decisão.*** Você tem uma hora. É essa a velocidade com que as decisões precisam ser tomadas. Esperar que o comitê decida é a receita para o fracasso. Se uma decisão levar mais que cinco horas para ser tomada, isso é quase certamente um sinal de que foi preciso passá-la por uma cadeia de aprovação.
>
> ***Capacite os tomadores de decisões certos.*** Esse é o segredo. Apenas as pessoas que têm de fato mais conhecimento e entendem mais sobre uma situação devem tomar a decisão. É assim que se age rápido. As soluções para os problemas não estão na cabeça da gerência, mas na daqueles que têm contato direto com os clientes, na linha de frente.
>
> ***Restrinja as regras ao mínimo.*** Se as regras forem muito inflexíveis, nada muda. Uma cultura se fossiliza. Nada pode ser executado. Mas, se você tem estrutura apenas suficiente para andar à beira do caos, é aí que coisas interessantes acontecem.
>
> ***Gerencie a complexidade com simplicidade.*** Regras simples geram comportamento adaptativo complexo. Regras complexas só deixam espaço para um comportamento simples e estúpido. O Scrum tem apenas a estrutura e as regras necessárias. Pode parecer caótico, mas não é. O Scrum não é estático; é um controle sutil.

## BACKLOG

- Da próxima vez que tiver uma reunião para tomar decisões, acione um cronômetro e calcule o custo dessa reunião. Inclua os salários dos presentes. Quanto tempo é desperdiçado esperando uma decisão ser tomada?
- Pense na última vez em que você ou sua organização enfrentou uma crise. Teria sido possível agir mais rápido? Ou você ficou surpreso com a velocidade com que a organização se moveu e reagiu? Como pode mudar seu processo de tomada de decisões para a próxima vez?
- Qual é o mínimo absoluto que você pode fazer para obter os resultados desejados? O que pode parar de fazer?
- Pense em um complicado sistema de controle com o qual você precisa lidar todos os dias. Se você focasse no valor, não no processo, como ele seria?

CAPÍTULO 4

# Ocupado × feito

A Confirmation.com foi criada para resolver um problema que desperdiçava milhares de horas de serviço e milhões de árvores por ano. Eles transformaram um processo manual que era lento, doloroso e difícil em um eletrônico, rápido e fácil.

O principal trabalho da Confirmation.com é confirmar dados financeiros por meio de uma enorme rede global de firmas de contabilidade, instituições financeiras, escritórios de advocacia e corporações. A empresa acredita que encontrar a verdade deve ser fácil e sabe que as fraudes financeiras não desaparecerão. Por isso, o lema de seu fundador, Brian Fox, é que eles ajudam os mocinhos a pegar os bandidos.

Deixe-me dar apenas um exemplo. O fundador e presidente do Peregrine Financial Group, Russell Wassendorf Sr., fraudou os investidores em mais de 200 milhões de dólares durante anos. Como ele fez isso? Com um pouco de Photoshop, criou extratos bancários que pareciam verdadeiros. A coisa toda desmoronou quando o Peregrine foi forçado a usar a Confirmation.com. Em poucos dias a fraude foi descoberta. E Wassendorf ainda passará décadas na prisão por seus crimes.

Por mais de 100 anos, o processo de confirmação ou circularização de auditoria foi realizado em papel. Um auditor enviava pedidos de confirmação por correio a um banco: *A instituição que está sendo auditada tem esse dinheiro de fato?* O banco recebia não apenas esse pedido, mas milhares de outros – até centenas de milhares – por ano. As instituições bancárias precisavam ter grupos inteiros de pessoas dedicadas a esse trabalho. Cada solicitação de confirmação passava por um processo em que se verificavam manualmente os registros bancários, escrevia-se uma carta confirmando que a instituição tinha aquela quantia e enviava-se a carta por correio. Papel, muito papel. *Semanas* eram gastas com cada uma das dezenas de milhares de solicitações feitas a cada ano.

A Confirmation.com fez com que tudo isso acontecesse em questão de instantes. Ela foi pioneira na ideia de circularizações eletrônicas quase 20 anos atrás e ainda domina esse espaço por uma grande margem. Tudo começou com um banco e uma firma de contabilidade em Nashville, no estado americano do Tennessee, e agora 16 mil empresas de contabilidade, 4 mil bancos e 5 mil escritórios de advocacia em 160 países usam sua plataforma. Eles confirmam mais de 1 trilhão de dólares em ativos por ano.

Quando a Confirmation.com começou, em 2000, era formada por apenas quatro pessoas criando o produto em uma garagem, algo que nunca havia sido feito antes. Brian o imaginou e o transformou em seu projeto de empreendedorismo no curso de administração. Em dado momento, os grandes bancos começaram a perceber a quantidade de trabalho que pouparia e a velocidade que ganhariam e, enfim, disseram que só aceitariam solicitações por meio da plataforma da Confirmation.com – nada mais em papel. A Confirmation.com cresceu rapidamente e começou a adicionar recursos e tipos de circularização – como confirmações legais – à sua plataforma.

Mas então algo aconteceu. Eles não estavam fazendo as coisas com rapidez suficiente. Perdiam prazos e não conseguiam obter a qualidade do código que uma plataforma como a deles exige. Continuaram trabalhando para tentar chegar ao produto ideal, mas simplesmente não estavam concluindo nada. Todos estavam ocupados, mas pouco era produzido de fato. Então eles nos chamaram.

Esse é um problema bastante típico nas empresas. Algum projeto – não importa qual – precisa ser realizado. A gerência, o comercial ou quem quer que seja disse que é prioridade máxima. Então outro departamento aponta uma prioridade máxima diferente. E outra pessoa chega com mais uma prioridade máxima. E, é claro, essas pessoas insistindo que sua prioridade é a maior de todas não conversam umas com as outras. Em vez disso, continuam jogando demandas sobre as equipes. Então, como era de esperar, as coisas param de ficar prontas. E aí a gerência pressiona as equipes, deixando todos ocupados o tempo todo, trabalhando nas muitas e muitas coisas que são prioridades máximas. Exige que os funcionários trabalhem à noite e nos fins de semana para cumprir um prazo arbitrário que foi prometido a alguém. E fica perplexa quando isso não acontece.

## Fatos podem ser teimosos

Em inglês, a palavra para prioridade – *priority* – é, em sua origem, usada apenas no singular. Dizer que algo é "a top priority", ou "uma prioridade máxima", é redundante. É usar dois termos para dizer a mesma coisa. Então, dizer "prioridades máximas" não faz sentido. É como falar que houve cinco primeiros colocados em uma corrida.

Se você pesquisar *priorities* (prioridades) no Google Ngram (que analisa milhares de livros dos últimos séculos e conta quantas vezes as palavras são usadas), obterá o seguinte resultado:

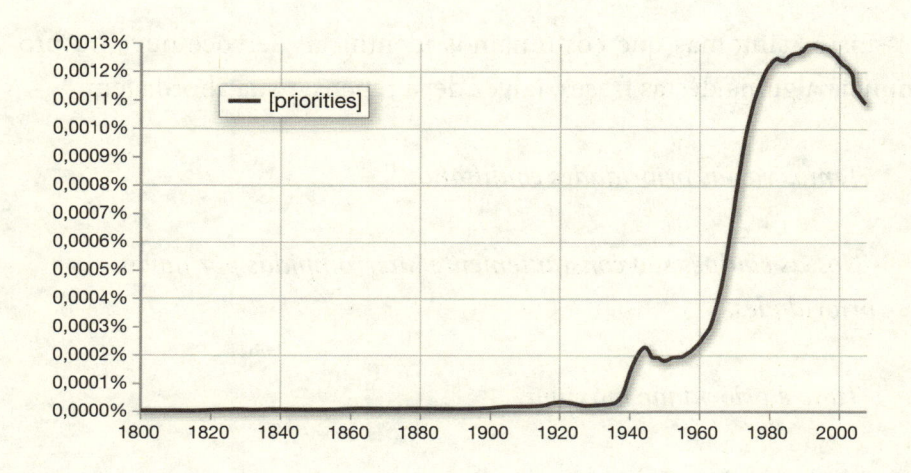

O termo *priority* entrou no vocabulário da língua inglesa no século XV, mas *priorities* nem existia como palavra até 1940. Não tenho certeza absoluta sobre causalidade, mas há certa correlação entre a ascensão do movimento gerencial moderno na indústria do pós-guerra e o nascimento de uma nova palavra que soa lógica e rigorosa mas que na verdade não faz sentido. Isso me parece revelador.

## Pare de começar, comece a terminar

Quando a Scrum Inc. chega a uma empresa para avaliar quão Ágil ela é, em geral descobrimos que cerca de 30% do trabalho que está sendo feito nem deveriam ser realizados. Na verdade, essa parte do trabalho é *contrária* aos objetivos do negócio. Os dados do Standish Group mostram – e é o que costumamos ver na prática – que 64% dos 70% restantes são trabalho em recursos que o cliente raramente ou nunca usa. Isso significa que 75% dos funcionários em uma empresa estão trabalhando ativamente contra os interesses comerciais do negócio ou em coisas que ninguém quer.

Pense nisto por um segundo: três quartos da sua empresa não deveriam estar fazendo o que estão fazendo. A razão para isso é que as pessoas se recusam a priorizar ou não sabem como fazer isso.

Eis os sintomas que costumamos identificar. Se você ouve ou pronuncia alguma destas frases, talvez deva repensar sua abordagem:

*"Temos várias prioridades conflitantes."*

*"Nossas equipes são constantemente interrompidas por novas prioridades."*

*"Tudo é prioridade máxima."*

Todo mundo sabe que isso é ruim. Ninguém com quem falei acha que trabalhar em cinco coisas ao mesmo tempo e interromper até esse trabalho para cuidar de novas tarefas urgentes é uma boa ideia. Todos sabemos que isso é estúpido. Mas fazemos mesmo assim.

Na Confirmation.com, todos tinham prioridades diferentes. A equipe de vendas queria uma tradução melhor para o japonês para que pudessem vender a plataforma no Japão, o marketing queria renovar o site e a diretoria estava preocupada com um novo concorrente. Então, no que as equipes de produto deveriam se concentrar? "Estou sempre esperando para saber quais são as novas regras do dia", disse um executivo a Avi Schneier, principal representante da Scrum Inc. no caso. Quando perguntou qual era a prioridade número um da empresa, Avi recebeu a seguinte resposta: "Cumprir os prazos." Repare: a prioridade não era o que precisava ser feito, apenas o próprio prazo.

Então Avi fez com que refletissem sobre as verdadeiras prioridades da empresa. *Qual é a coisa mais importante?* Ajudou-os a ver que, ao não escolherem essas prioridades, acabaram com uma empresa à deriva, indo em uma direção diferente a cada dia. Então eles fizeram essas escolhas. É algo possível, mas requer reflexão honesta e algumas decisões difíceis.

## Rendimento × resultado

Vamos separar essas duas ideias. Rendimento é a quantidade de coisas que a equipe produz a cada sprint, sua velocidade. Quando começa com o Scrum, você quer que a velocidade duplique ou triplique em alguns meses. Se não consegue entregar as coisas, mesmo que estejam erradas, nada mais importa. Concentre-se em realizar o trabalho da equipe e entregá-lo. Se esse trabalho for a coisa errada, e provavelmente será, você descobrirá rápido em vez de desperdiçar milhões de dólares e anos de vida antes de se dar conta de que ninguém quer o que sua equipe está fazendo.

Mas a boa notícia é que, depois que souber disso, você poderá se concentrar nos resultados. *Como deixamos os clientes felizes? Como salvamos mais vidas? Como trazemos valor ao mundo?* Você precisa responder a essas perguntas, caso contrário seu trabalho será em vão. O essencial é colocar as coisas diante das pessoas para que estas possam lhe dizer o que amam, querem e precisam.

O truque para fazer isso é conseguir um feedback rápido de quem está obtendo valor com o que você está criando. Descubra o valor do seu produto ou serviço para essas pessoas. No início de um projeto ou produto, você precisa praticamente adivinhar quais coisas serão mais valiosas. É um palpite fundamentado, apoiado em pesquisas e similares, mas ainda assim apenas um palpite. Se tem que esperar seis meses para descobrir se seu palpite estava certo, é porque você está planejando com esperança em vez de dados.

Na Confirmation.com, o maior problema era o sistema antigo. Ele funcionava, e funcionava bem. Mas, à medida que crescia ao longo dos anos, agregava lentamente novos recursos sempre que um cliente solicitava, consertando o sistema ou aprimorando aquela parte. Cada modificação era abordada sem muita reflexão sobre arquitetura e estrutura. Assim, acabou se tornando uma bagunça tão grande que eles gastavam mais tempo corrigindo erros antigos do que construindo um novo sistema para substituí-lo. Enfim perceberam que, embora todos estivessem muito ocupados, não faziam progressos significativos. Não conseguiam concretizar nada de forma eficiente. Ao se concentrarem em garantir que as pessoas estivessem ocupadas, não olhavam para o resultado. Eles realmente precisavam de um sistema novo e mais moderno que lhes permitisse oferecer aos clientes um serviço ainda melhor do que o que pensavam querer. Mas todo mundo estava trabalhando para manter o sistema antigo funcionando – foco em rendimento, não em resultado.

## A definição de feito

Quando a equipe seleciona um item do backlog do produto, deve saber o que significa a conclusão daquela tarefa, precisa definir *feito*. Parte dessa definição deve incluir como aquela tarefa afeta outras partes do trabalho, porque tudo é determinado pela arquitetura do seu produto.

Deixe-me dar dois exemplos. Um é do mundo do hardware, outro, da área do software, mas o pensamento é exatamente o mesmo.

A Stealth Space Company está localizada à beira da baía de São Francisco, em uma base aérea abandonada da Marinha. Bases militares como essa variam um pouco de local para local e de serviço para serviço, mas todas têm algo em comum: uma arquitetura brutal e inflexível que põe a função acima da forma.

Chris Kemp é o CEO da empresa. Seu mantra é a rapidez. Segue um trecho do e-mail em que anunciou sua primeira tentativa de lançamento:

> No domingo, tentaremos lançar um foguete que foi projetado do zero por uma equipe que não existia 18 meses atrás. Fizemos isso cinco vezes mais rápido e com cinco vezes menos capital. Este é o primeiro de uma série de lançamentos de teste que nos permitirão chegar gradativamente à órbita à medida que formamos nossa equipe e incorporamos o que aprendemos em cada tentativa.

Ele olha para a SpaceX de Elon Musk e vê um alvo que não só pode ser vencido, mas vencido com louvor – cinco vezes mais rápido, com um quinto do custo. E está usando o Scrum para fazer isso. Seu objetivo é ser a FedEx para o espaço, lançando pequenas cargas diárias em órbita baixa. As Forças Armadas precisam de uma constelação de satélites espiões em uma nova zona problemática? Sem problemas; levará 30 minutos em vez de três anos.

Aprendi lá que um foguete tem basicamente três sistemas: um motor, que transforma combustível em força; aviônica, que direciona o trajeto do foguete; e estrutura, o invólucro que mantém tudo junto. Na primeira iteração do foguete, esses três pilares estavam muito interligados, tanto dentro de cada sistema quanto entre sistemas. O motivo é que eles estavam tentando se livrar de qualquer excesso de peso, por isso cada interface foi projetada com peças e conectores personalizados. Isso faz sentido quando se está pensando apenas em peso, mas fica complicado quando é preciso consertar algo.

Deixe-me dar um exemplo simples. Em seu primeiro foguete, o sistema aviônico era controlado por uma série de placas de circuito especializadas, conectadas individualmente entre si e ao foguete como um todo através de interruptores feitos de algum material raríssimo e difícil de obter. Se uma placa falhasse, era preciso retirar todas as placas e refazer centenas de conexões à mão usando esses materiais incrivelmente caros. A certa altura, os elementos raríssimos usados nessas conexões simplesmente ficaram indisponíveis no mercado: Apple e Samsung tinham comprado todo o estoque mundial para usar em sua nova geração de smartphones. Levou 12 semanas para conseguir mais. A reação de Kemp a essa notícia foi exasperada: "Três meses para um interruptor ethernet? É esse o tipo de coisa que vai nos matar!"

Meu colega Joe Justice sentou-se com Ethan, o chefe de aviônica, e falou sobre o problema. "Primeiro", disse Joe, "você tem todas essas placas com conectores especiais, um diferente do outro, cada um carregando informações diferentes. E você precisa desvendar a complexidade, substituí-los por projetos melhores. Mas, se puxar um, você quebra todos os outros. Então vamos colocar uma interface estável entre a aviônica e o resto do foguete. Vamos planejá-la além do necessário para que possa transportar todo tipo de dado, mais do que você precisa, mas usaremos conectores comuns que possam ser comprados por centavos em qualquer loja. Vamos encapsular o problema, criando um tipo de firewall que sabemos que não mudará, e garantir que o restante dos engenheiros do foguete saiba que seus sistemas só precisam se conectar a essa interface com um lado desse conector e que os engenheiros de aviônica saibam que só têm que se conectar ao outro. Dessa forma, você pode alterar o que quiser dos dois lados. Contanto que essa interface permaneça a mesma, nada mais importa. O que você está tentando fazer é modular os problemas. Queremos que seja como Lego. Que seja possível juntar e separar as peças facilmente."

Essa abordagem facilita a definição de feito: o trabalho resultante tem que funcionar e precisa se encaixar nessa interface estável conhecida. Então você pode começar a nocautear seus problemas um por um. E quanto ao peso extra da própria interface? Você pode cuidar disso mais tarde, depois de corrigir seus outros problemas.

Agora tomemos um exemplo de arquitetura Ágil na área de software. O Spotify é um serviço de streaming de música. O objetivo deles, assim como o objetivo da empresa espacial, é a rapidez. Quando a empresa começou, o CEO, Daniel Ek, disse à Scrum Inc.: "Escutem, Apple, Google e Amazon querem nos matar. E são empresas grandes e inteligentes, com muita competência. A única maneira de sobrevivermos é aumentando a velocidade. Temos que ser mais rápidos que eles."

Então o Spotify é dividido em módulos diferentes, como um foguete. Existem o player, o mecanismo de recomendação, a funcionalidade das playlists, o aplicativo para dispositivos móveis, etc. E, assim como na Stealth Space Company, eles desenvolveram interfaces estáveis entre cada um desses componentes. As equipes que trabalham nas playlists podem inovar quanto quiserem, mudar quanto quiserem, desde que ainda caibam no sistema como um todo, possuam os mesmos dados de entrada e saída e não derrubem mais nada. Dessa forma, conseguem ir rápido sem se preocupar em prejudicar outras partes do sistema.

Eles não precisam alterar o sistema inteiro para alterar sua parte, evitando muita dor de cabeça. Em muitos sistemas, as dependências entre as várias partes são tão grandes que fazer qualquer alteração é quase impossível e a velocidade do desenvolvimento diminui drasticamente, pois os desenvolvedores precisam usar cada vez mais fita adesiva e barbante para manter um sistema cada vez mais instável e rígido.

A maioria dos defeitos, independentemente do tipo de produto, serviço ou processo que você está criando ou executando, ocorre quando duas partes perfeitamente boas do sistema são integradas e, para corrigir qualquer uma delas, é necessário quebrar as duas. Torna-se cansativo.

## O conserto

Então o que fazer? Você tem dezenas de projetos, centenas de prioridades, e todos precisam ser concluídos, ou pelo menos foi o que você disse a si mesmo.

O primeiro passo, como sempre, é admitir que existe um problema. Se sua estratégia é falar que tudo é prioridade, isso significa que sua estratégia será definida pelo funcionário menos experiente da organização quando ele, sem qualquer orientação sobre o que é de fato mais importante, decidir o que fazer a seguir.

Ao usar o Scrum, o primeiro passo é garantir que todas as equipes tenham um backlog claro e ordenado para cada sprint e que entendam o valor comercial relativo de tudo que está sendo pedido. Isso requer um mecanismo – que abordarei nos próximos capítulos – que pega os grandes objetivos da sua organização e os divide em itens acionáveis pela equipe.

Na Confirmation.com, Avi e outro colega, Alex Sheive, reuniram todos em uma sala e anotaram na parede tudo que queriam fazer. Trabalharam com a gerência para criar um backlog claro e ordenado para as equipes. Eles os convenceram a manter as equipes estáveis, não realocando as pessoas, e enviaram essa mensagem a toda a organização. A gerência apoiou o Scrum e estava disposta a fazer o trabalho duro. Analisou atentamente a lista de coisas que queriam e decidiu o que *não* fariam para realizar o que de fato precisava ser feito.

Este é o primeiro passo: admitir que nem tudo será feito imediatamente. É preciso escolher. Às vezes pode ser difícil. Em vários casos existem muitos interesses concorrentes. Mas, se a liderança não estiver alinhada com o que deve ser concluído e em que ordem, as equipes não terão ideia do que fazer. Os líderes da Confirmation.com conseguiram isso. Eles se reestruturaram, simplificaram e garantiram que cada equipe tivesse um backlog limpo e priorizado para cada sprint. E isso mudou drasticamente o que eles eram capazes de fazer.

## A importância do não

A maior causa dessa recusa em priorizar se resume a isto: a relutância em dizer não. Assim como toda equipe, toda organização tem uma velocidade: quanto podemos criar em quanto tempo? É muito fácil dizer sim aos clientes, à liderança, aos chefes. *Você quer que isso seja feito? Não tem problema – vamos colocar essa tarefa em nossa crescente lista de coisas a fazer. Ah, e é muito importante? Então vou enfiar aqui no topo.* Aí alguém mais pergunta sobre um projeto. E a resposta é sim – de novo, sempre sim, até a equipe ou a organização implodir.

A estratégia corporativa quase sempre se concentra demais no que uma empresa vai fazer, não no que ela *não* vai fazer. Deixe-me ilustrar isso. Existe uma indústria global que realiza muitas pesquisas e depois as transforma em produtos do cotidiano fabricados em escala, com milhões e milhões de unidades produzidas. Mas há um problema. Essa empresa passa anos fazendo pesquisa e desenvolvimento, lançando um novo produto com novos materiais e, uma vez que o apresenta ao mercado, um grupo conhecido como "seguidores rápidos" o copia rapidamente, às vezes em questão de meses. Então a empresa precisa continuar lançando novos produtos.

Uma divisão específica simplesmente não conseguia lançar novos produtos no mercado com rapidez suficiente. Eles tinham grandes ideias, mas a coisa toda não estava funcionando. Então entraram em contato com a Scrum Inc. e, no início de 2016, Steve Daukas foi até lá para ver o que podia fazer.

Ele reuniu a liderança do laboratório e disse: "Para começar, vamos falar sobre o que vocês estão fazendo. Vamos anotar todos os projetos em post-its e afixá-los na parede para que possamos dar uma olhada."

Quinze minutos de rabiscos furiosos depois, os projetos estavam na parede. Havia mais de 100 deles.

"Muito bem", disse Steve. "Apenas por diversão, vamos colocar nomes em todos esses projetos. Quem está realmente trabalhando neles? Por que vocês estão trabalhando em tantas coisas?", perguntou Steve.

A resposta que recebeu foi que a matriz estava dizendo para colocarem mais produtos no mercado, então eles tinham que fazer vários produtos ao mesmo tempo para começar a monetizá-los rápido.

"E algum deles está realmente sendo feito?"

Silêncio.

Ouvi diversas versões dessa conversa de todo tipo de gente, de pais de crianças pequenas a startups, passando por empresas da Fortune 500. Eles precisam fazer tantas coisas que começam uma miríade de projetos. Acham que não tem outro jeito, pois há muito a ser feito. E então dizem: "Veja todas as coisas que estamos fazendo! Estamos muito ocupados, é uma loucura! Estamos trabalhando em todas essas prioridades."

Na verdade, eles estão *começando* um monte de coisas. O que não estão fazendo é *terminá-las*. Acho incrível perguntar em uma empresa quantas coisas estão fazendo e eles se gabarem disso. Parecem pensar que vou ficar impressionado com tudo em que estão trabalhando.

No entanto, quando perguntamos o impacto que estão gerando, de repente assumem uma expressão decepcionada.

Naquela sala de reuniões, Steve forçou o grupo a reconhecer que nem tudo seria feito. E não só isso: se continuassem no caminho em que estavam, *nada* seria feito.

Então eles pegaram aqueles mais de 100 projetos e começaram a fazer escolhas difíceis sobre o que não fariam. Em que as equipes de laboratório deveriam focar? O que realmente faria diferença no mercado? Eles discutiram, fizeram pressão, mataram projetos de estimação de algumas pessoas. E trabalharam duro fazendo o que a liderança realmente tem que fazer: escolher. É muito fácil dizer sim a outro projeto, concordar com alguém que sua ideia deve ser levada adiante, não ter uma conversa difícil. É muito fácil nunca dizer não.

Em dado momento, chegaram a 12 projetos. Então Steve fez com que a liderança do grupo fizesse backlogs claros para todos. Nada extremamente detalhado, mas em um nível que comunicasse a "intenção do comandante": não como as equipes realizariam aquilo, mas o quê e por quê. Em seguida, as 12 pessoas que seriam Product Owners ficaram de pé na frente do grupo de cientistas, umas 200 pessoas, e apresentaram seus backlogs – o que estavam tentando realizar, por que eram importantes e quais habilidades eram necessárias para concluí-los. E então os Product Owners e a gerência saíram da sala, dizendo a todos: "Vocês são inteligentes. Decidam quem deve estar em qual equipe para atingir esses 12 objetivos."

E assim foi feito. Em 10 semanas, eles dobraram a produtividade, descobriram oportunidades de receita que nunca tinham visto e esmagaram cerca de 53 impedimentos levantados pelas equipes. Uma reorganização estrutural surgiu à medida que a meta passava do rendimento (garantir que todos estivessem ocupados) para o resultado (chegar ao *feito*). E os efeitos foram notáveis. O ciclo de desenvolvimento típico era de dois anos e meio; com o Scrum, eles tinham dois novos produtos em seis semanas. E havia clientes grandes que queriam comprá-los de imediato. Esse é o poder do foco. Eles passaram de 100 projetos em andamento a 12 concluídos – 12 projetos que mudaram o destino daquela área da empresa e impactaram o preço das ações de sua controladora.

Focar em *concluir* as coisas gera impacto. Apenas diga não.

## Não fique ocupado, conclua

O cérebro humano não é capaz de realizar várias tarefas ao mesmo tempo. Um exemplo muito adequado é aquela prática diária de multitarefa: dirigir e falar ao celular. As pesquisas são muito claras a esse respeito. As pessoas que dirigem enquanto conversam ao celular – mesmo as que mantêm as mãos ao volante – sofrem mais acidentes do que as que não o fazem.

É isso que a multitarefa nos legou. Aqui está uma citação do meu artigo favorito sobre o assunto:

> Mesmo quando os participantes dirigem o olhar a objetos no ambiente de condução, muitas vezes deixam de "vê-los" quando estão falando ao celular, porque a atenção foi desviada do ambiente externo para um contexto cognitivo interno associado à conversa telefônica.[1]

Na verdade, as pessoas olham para um objeto – o carro ou a árvore em que estão prestes a bater – e não o veem. Ainda assim, insistimos em dirigir e falar ao telefone ao mesmo tempo.

Sempre que tenta fazer mais de uma coisa de uma vez só, você perde uma enorme parcela de sua capacidade produtiva para o que é chamado de "perda de mudança de contexto". Existem estudos que mostram que o simples ato de responder a um e-mail pode sabotar seu cérebro por meia hora antes que você consiga voltar ao estado mental correto para o trabalho que está realizando.

Pense no seguinte: quantas vezes você foi interrompido ao ler este livro? Ou enquanto lê este capítulo? Alguém enviou uma mensagem de texto enquanto você estava lendo esta página? Você acabou de procurar seu telefone depois de ler isso? Leu as mensagens que perdeu enquanto lia este capítulo?

Vivemos em uma sociedade em que se espera que respondamos imediatamente a interrupções. Se você não responder ao e-mail, à mensagem de texto ou ao chat imediatamente, estará insultando a pessoa que contatou você. Quantas vezes por dia você para o que está fazendo com as pessoas bem à sua frente para responder a alguém que nem está na sala? Então, no final do dia, o que você começou ainda não está terminado, você não voltou sua atenção para aquele outro e-mail importante e há ainda aquela coisa que ia fazer e que era muito importante mas agora não se lembra do que era. E então você se volta para a tarefa na qual deveria estar trabalhando, mas agora não tem ideia do que estava pensando ou que direção estava tomando. E não precisa ir buscar as crianças agora?

Há uma quantidade enorme de pesquisa sobre isso – nós não conseguimos fazer várias coisas ao mesmo tempo. Mas ao fazer escolhas, ao dizer não e ao estabelecer uma ordem de prioridade clara, você pode mudar seu destino. Aquela indústria global conseguiu. A Confirmation.com conseguiu. A Stealth Space Company lançou seu primeiro foguete. Existem maneiras de sobreviver e até prosperar neste mundo em rápida mudança em que vivemos. No entanto, isso requer algumas reflexões e escolhas reais. A primeira, como explicarei no Capítulo 5, é perguntar se você é controlado pelo seu medo ou pela sua esperança. *Você* pode decidir. Mesmo que considere que as coisas estão fora de controle. Mesmo que acredite que as forças que atuam sobre você e sua organização são imutáveis.

Nem sempre é fácil. Mas, como você verá, o medo é realmente inimigo do raciocínio. E o antídoto é a conexão.

## RESUMO

***Admita que você tem um problema de priorização.*** Se sua estratégia é simplesmente falar que tudo é prioridade, isso significa que sua estratégia será definida por qualquer pessoa na organização que, sem orientação sobre o que é *realmente* mais importante, resolverá o que fazer a seguir.

***Chegue ao feito.*** O segredo para fazer isso é definir de antemão o que "feito" realmente significa. Quando escolhe um item do backlog do produto, a equipe deve saber a natureza de "feito" para aquela parte do trabalho, mas também como aquela parte afeta outras tarefas.

***Não confunda estar ocupado com concluir o trabalho.*** O foco na utilidade como métrica mantém as pessoas ocupadas, mas não leva à entrega de nada. Não se concentre no rendimento; concentre-se nos resultados.

***Conheça o poder do não.*** A estratégia corporativa geralmente foca demais no que uma empresa fará, não no que ela *não* fará. É preciso fazer escolhas.

## BACKLOG

- Anote todas as suas prioridades e coloque-as na parede em uma única coluna. Ordene-as em termos de valor, risco e esforço. Mas lembre-se: é uma única lista e uma única coluna. Se a qualquer momento você tiver várias prioridades, repriorize sua lista.
- Qual é a sua definição de "feito"? Anote-a. Coloque-a em um lugar onde você possa vê-la todos os dias.
- Crie três maneiras de medir melhor os resultados em contraste com o rendimento. Pergunte a pelo menos uma pessoa sobre o impacto que seu trabalho está causando ou quanto você está fazendo.
- Qual é a arquitetura do seu produto? É fortemente interligada ou modular? Onde você pode inserir uma interface estável conhecida para que a quebra de uma coisa não destrua outra?

CAPÍTULO 5

# Pessoas e lugares que parecem loucos geralmente são

O motivo pelo qual as pessoas agem de maneiras que parecem levemente loucas e repetidas vezes não alcançam os resultados que estão buscando é simples: medo. E pode acreditar no que estou dizendo, porque eu conheço o medo.

Passei grande parte de minha vida adulta em zonas de guerra, trabalhando como correspondente da NPR. Quando descobrem esse fato, as pessoas sempre perguntam: "Como é isso?" Por alguns anos, fiquei ressentido da pergunta. Mas percebi que elas na verdade só queriam ter uma noção de como era estar em uma situação que esperavam nunca conhecer. Enfim cheguei a uma resposta pronta: incrivelmente aterrorizante e terrivelmente barulhento.

Certa noite em Benghazi, na Líbia, eu não conseguia dormir. Era 2011, e noites em claro não eram muito incomuns, em especial porque os bons cidadãos de Benghazi, repletos de fervor revolucionário e carregados dos arsenais saqueados, atiravam para o alto sempre que tinham oportunidade, aparentemente alheios ao fato de que balas de alta velocidade não desaparecem no ar. Minha janela com furos de bala atestava isso. Naquela noite, eles estavam especialmente agitados.

A Líbia foi apenas a última parada na minha turnê revolucionária. Eu havia produzido nossa cobertura da Primavera Árabe desde o início e a liderança da editora internacional pensou que, após a revolução no Cairo, a Líbia seria uma continuação natural para Lourdes Garcia-Navarro e eu. Ao longo de meses, nós dois só tínhamos passado poucos dias em casa.

Eu já havia presenciado tiroteios suficientes em várias guerras, além de insurgências e insurreições ao longo dos anos, para me tornar capaz de identificar armas pelo som delas. Mas, na Líbia, Kadafi aparentemente tinha um gosto por armamento incomum, porque vi e ouvi armas que não reconhecia. Naquela noite, quando a cidade explodiu em tiros e se iluminou como se houvesse uma batalha de proporções épicas rolando por todas as ruas, meu cérebro insistia em que algo estava errado – não porque um bando de idiotas estava atirando com armas militares em uma cidade cheia de gente, mas porque os sons estavam errados.

Os líbios comemoravam a captura ou tortura ou morte ou algo assim de um dos filhos de Kadafi – eu não tinha certeza do que ocorrera e não teria por um tempo. A Líbia me deixava deprimido. Sem dúvida Kadafi era um cara mau, mas naquela época já era possível ver os sinais de uma anarquia sangrenta enquanto a guerra civil prosseguia: milícias subitamente percebendo que suas armas lhes davam poder real, postos de controle estabelecidos como forma de extorsão, um número crescente de radicais, retaliações por brigas antigas, vingança étnica, tudo que se vê em uma sociedade rasgando a própria carne.

Eu estava conversando pelo Facebook com Arnold Strong, um amigo meu dos Rangers, grupo de elite do Exército americano. Nós nos conhecemos em Kandahar em 2006, quando ele era major. "Eu odeio a guerra", escrevi. "Ela pega os lugares mais sombrios do coração humano e dá valor a eles."

"É só a guerra que faz isso?", questionou ele. Arnold conhecia a guerra. Tínhamos passado um verão juntos no sul do Afeganistão. Jamais esquecerei o Ranger gigante e durão que me levou gentilmente para tomar café da manhã enquanto eu tremia de medo. A NPR estava me enviando para outro campo de batalha. Para chegar lá, eu teria que viajar por uma estrada atingida regularmente por ataques aéreos. Ele conhecia a guerra, conhecia o medo e me conhecia.

"Essa é uma ótima pergunta", digitei de volta.

## Um palácio mental em ruínas

Para explicar o medo, preciso falar um pouco sobre memória. Sempre que você vive algo, essa experiência é armazenada dentro do seu cérebro. E a forma como você se sentiu em relação a ela, seja boa ou ruim, é tratada por um pequeno grupo de núcleos em forma de amêndoa no fundo do cérebro, chamado amígdala. Isso acontece sem qualquer tipo de função cognitiva. A resposta emocional acontece primeiro.

Toda vez que se lembra de algo, você muda a própria memória. É como se você se lembrasse pela primeira vez todas as vezes. Esse é um ótimo mecanismo de sobrevivência. Permitir que novas experiências afetem nossas memórias passadas evita que fiquemos presos a ser a mesma pessoa que éramos quando vivemos a experiência pela primeira vez. Nós mudamos, crescemos e podemos superar um trauma.

Na manhã de 11 de setembro de 2001, Elizabeth Phelps havia acabado de chegar ao escritório quando o segundo avião atingiu o World Trade Center. Ela viu pela janela uma das torres desabar. Não conseguia acreditar no que estava acontecendo. Ela saiu do trabalho e assistiu à CNN o dia todo. Tentou doar sangue. Como tantas pessoas naquele dia, sentia-se paralisada e queria fazer algo.

Mas Phelps não é socorrista, militar nem jornalista. Ela pesquisa a memória. Está especialmente interessada em como a emoção e a memória estão ligadas. Então ela e alguns colegas de todo o país decidiram pesquisar as lembranças das pessoas imediatamente após o 11 de Setembro. Em 18 de setembro, montaram mesas de entrevistas por toda a região de Manhattan. E também distribuíram milhares de questionários por todo o país. Alguns exemplos de perguntas:

1. Por favor, descreva como você ficou sabendo do ataque terrorista aos Estados Unidos.
2. Que horas eram na Costa Leste quando você tomou conhecimento do ataque?
3. Como ficou sabendo (qual foi a fonte da informação)?
4. Onde você estava?
5. O que estava fazendo?
6. Quem mais estava com você?
7. Como se sentiu quando tomou conhecimento do ataque?

O questionário terminava perguntando quão confiantes as pessoas estavam nessas lembranças.

Os pesquisadores repetiram o levantamento um ano depois. Então, três anos depois. E aí, 10 anos mais tarde. De maneira fascinante, o que aconteceu foi que, embora as lembranças das pessoas se tornassem cada vez menos precisas ao longo do tempo, sua confiança nelas permaneceu bastante alta. Como Phelps disse à *Scientific American*:

> Se você analisar a lembrança do 11 de Setembro, praticamente todo mundo diz: "Eu sei onde eu estava, com quem estava", etc., etc. Todo mundo pensa: "Ah, eu nunca me esqueceria disso." Mas sabemos, por meio de muitos estudos nos últimos 30 anos, que as pessoas não estão necessariamente certas. Não é possível convencê-las de que suas lembranças estão erradas. Tudo que você pode dizer é que os dados sugerem que a memória delas está errada.

Em eventos carregados de emoção como o 11 de Setembro, acho que a memória é melhor para os detalhes importantes [em comparação com um evento neutro] – apenas não temos uma ótima memória para todos os detalhes. Mas achamos que sim, e essa é a verdadeira disparidade. Por outro lado, se eu dissesse que você não se lembra dos detalhes do seu aniversário de 26 anos, você não se surpreenderia.

Então é assim que funciona a memória. As lembranças mais fortes mudam – perdem seu impacto emocional, ou ao menos o impacto se modifica e evolui. Isso é bom. Porque, se não fosse assim, carregaríamos para sempre nossas feridas. O terror que sentimos naquele dia nunca diminuiria, nunca abrandaria, nunca se tornaria parte de nossa história, permanecendo no nosso presente.

O problema é que às vezes o medo reorganiza um pequeno pedaço do seu cérebro e você não consegue esquecer a sensação. A amígdala afeta não apenas o que você pensa, mas *como* você pensa e o que é *capaz* de pensar.

Do que em geral temos medo em nossas vidas profissionais? Bem, de perder o emprego. De não ter mais uma carreira ou uma empresa para a qual trabalhar.

E isso é completamente racional. O tempo de vida médio de uma empresa vem diminuindo há décadas, e a constante aceleração tecnológica continuará a extinguir impiedosamente carreiras e organizações que não conseguirem se adaptar a novas circunstâncias. Essa é a realidade.

A solução é mudar. Adaptar-se e evoluir. O Scrum é uma maneira de incorporar a capacidade de mudar a sua estrutura pessoal e organizacional. Mas fique atento à resistência. Qualquer mudança ou inovação em uma corporação estimulará o sistema imunológico corporativo a criar anticorpos para destruí-la.

Mas por que isso acontece? Por que agimos dessa maneira?

Vou dar três exemplos de momentos em que o medo levou as pessoas a aceitar a loucura como um fato dado e a acreditar que aquela era a única maneira possível. Nessa mentalidade, questionar essa loucura é questionar a natureza da própria realidade.

## A loucura da loucura

Deixe-me levá-lo ao interior de uma das maiores montadoras de automóveis do mundo. Descobri que há algo estranho nas grandes empresas: quanto mais você se afasta do trabalho propriamente dito, mais alto é o seu status, mais dinheiro você recebe e mais sofisticado é o seu título. Além disso, cheguei à conclusão de que a maioria das pessoas que de fato põem a mão na massa não trabalha na empresa; elas trabalham para outra empresa contratada para realmente fazer o trabalho.

Assim, quando essa empresa global do setor automobilístico contrata alguém como funcionário em período integral, essa pessoa para de trabalhar. Estou falando sério. Em vez de pôr a mão na massa, ela é encarregada de gerenciar os terceirizados. E, se for promovida, vai gerenciar as pessoas que gerenciam o trabalho dos terceirizados ou, melhor ainda, gerenciar os gerentes que gerenciam os gerentes das pessoas que estão fazendo o trabalho. Eu sei que parece loucura. E é loucura.

Nessa empresa, estava sendo desenvolvido um projeto interno para rastrear e implementar incentivos de vendas em suas concessionárias, um problema relativamente simples. Então eles alocaram vários gerentes ao projeto. E esses gerentes contrataram outros gerentes. E esses outros gerentes contrataram mais outros. E então o primeiro grupo contratou terceirizados. Por fim, havia cerca de 200 profissionais envolvidos nesse projeto.

Eles faziam muitas reuniões. Havia reuniões para planejar reuniões e reuniões sobre quantas reuniões haveria. Os gerentes tinham os dias repletos de reuniões importantes com outras pessoas importantes que tornavam o ato de realizar aquelas reuniões um símbolo de status. Afinal, se pessoas importantes compareciam a uma reunião, ela com certeza era importante pelo simples fato de que gente importante estava lá.

Obviamente nada aconteceu. Ah, havia muitos relatórios de status e apresentações de slides mostrando quanto trabalho estava sendo feito. Mas o que estava sendo feito não era trabalho de verdade. Eram pessoas falando sobre outras pessoas trabalhando. Isso continuou por cinco anos. Nem uma única tarefa valiosa foi concluída por essas 200 pessoas nesse período.

Quando soube disso, fiz umas contas. Digamos que o salário médio dessas pessoas fosse de 75 mil dólares por ano. Multiplique isso por 200 e você tem uns 15 milhões anuais. Durante cinco anos, estamos falando de pelo menos 75 milhões – e provavelmente um pouco mais, dado o nível dos gerentes envolvidos.

Então o que eles fizeram? O que as pessoas que gerenciam esses tipos de projeto sempre parecem fazer: solicitaram a contratação de mais pessoas para realizar aquele projeto realmente importante dos incentivos das concessionárias. Se tivessem mais algumas dezenas de pessoas, conseguiriam fazer aquilo funcionar.

Quando a Scrum Inc. foi contratada para dar uma olhada nessa bagunça (e na verdade essa era apenas uma parte pequena e, para ser honesto, não muito importante da bagunça maior da empresa), a primeira pergunta que fizemos foi: "Quem está realmente fazendo o trabalho?" Levou um mês para nossa equipe descobrir. Eles passaram muito tempo em reuniões, vendo apresentações de slides e organogramas. Quando pedimos para ver o trabalho real que havia sido concluído, esses gerentes e executivos muito importantes ficaram surpresos. Queriam nos mostrar os relatórios sobre o trabalho, não o trabalho em si.

Após muitas reuniões, nossa equipe enfim descobriu quantas pessoas estavam de fato fazendo o trabalho: 25. E a maioria delas trabalhava para empresas terceirizadas.

Nossa equipe aconselhou a montadora a cortar 175 pessoas do projeto. As intermináveis reuniões só foram interrompidas quando o Product

Owner principal disse à liderança que, se quisessem um relatório de status, poderiam ir a uma revisão do sprint. Nada mais de reuniões. E eles começaram a priorizar – escolhendo o trabalho certo a fazer e em que ordem. As equipes puderam se concentrar, dirigir a atenção a um objetivo único, sprint após sprint. Começaram a mostrar progresso real toda semana. É claro que, como eles foram bem-sucedidos, outros gerentes tentaram roubar os membros da equipe para seus projetos. Mas o Product Owner principal foi capaz de dizer não à liderança. "Não, você não pode receber um relatório de status." "Não, não iremos a essas reuniões." "Não, não produzirei uma apresentação de slides." "Não" é a palavra mais importante no vocabulário de um Product Owner. Se você diz sim a tudo, nada será feito.

As 175 pessoas cujo trabalho acabou sendo desnecessário e dispensável não foram demitidas, é claro – elas receberam outros projetos nos quais trabalhar. Apenas alguns meses depois, os 25 membros restantes da equipe original entregaram, pela primeira vez em cinco anos, um produto em funcionamento.

O mais estranho é que, antes de chegarmos lá, as pessoas se reuniam nos corredores e cochichavam sobre como a coisa toda era completamente insana, mas ninguém dizia isso em voz alta. Ninguém dizia que o imperador estava nu. Na verdade, dizer isso significaria que talvez aqueles gerentes, e os gerentes que os gerenciavam, não fossem totalmente necessários para o projeto... ou para a empresa.

## Ninguém quer trabalhar para nós

A Scrum Inc. recebe muitas ligações de organizações que dizem que precisam desesperadamente mudar. Nos últimos tempos, com cada vez mais frequência, essas ligações vieram de grandes bancos, alguns com ativos na casa dos trilhões. Quando você lida com grandes bancos, chega um ponto em que fica difícil entender a magnitude dos números.

Deixe-me colocar em perspectiva. O homem mais rico do mundo no momento em que escrevo é Jeff Bezos. A *Forbes* disse que ele valia 112 bilhões de dólares em 2018. É uma quantia de dinheiro digna de um Estado-nação; maior que o PIB de 120 países. Ele está entre o Marrocos e o Kuwait.

Cada um dos bancos dos quais estou falando possui ativos em uma ordem de magnitude maior que essa. Ao conversar com um representante de um deles, perguntei: "Por que você me ligou? Você tem todo o dinheiro."

"Ninguém quer trabalhar para nós", foi a resposta.

Não ouço isso apenas de bancos, mas também de seguradoras, grandes indústrias e fabricantes. Com frequência, essas empresas são gigantes antigas que há décadas enfrentam pouca concorrência e pouco incentivo para mudar. A GE, para dar um exemplo, aumentou os salários iniciais para tentar atrair mais talentos. Realizou *hackathons*, ou maratonas públicas de desenvolvimento tecnológico. Fez uma campanha publicitária inteligente voltada para a geração millennial.

O problema é que, quando esses jovens talentos aparecem, entram em um sistema que os desencoraja. Trabalham longas horas, não têm espaço para criatividade, são microgerenciados. Então conversam com seus amigos em organizações Ágeis, onde tudo parece mais divertido. Se não gostarem da cultura do local de trabalho, os jovens provavelmente sairão da empresa.

A Deloitte faz uma pesquisa anual com os millennials em todo o mundo. Em uma edição recente, descobriu que a lealdade corporativa, medida em termos de se os entrevistados esperam permanecer em um local por mais de dois anos, caiu. A grande maioria diz que certamente não espera estar na mesma empresa daqui a cinco anos. Os principais fatores determinantes, além do salário, são uma cultura positiva no local de trabalho e flexibilidade em quando, onde e como se pode trabalhar.

Com muita frequência, as empresas afirmam que querem mudar, querem ser flexíveis. Mas, quando você começa a explicar o que seria necessário para alcançar esse objetivo, elas reagem dizendo coisas como: "Isso é impossível aqui", "É assim que as coisas são feitas neste lugar", "Sempre fizemos dessa maneira", "Sim, queremos os benefícios do Scrum, mas não queremos mudar nosso comportamento".

Para alcançar outro patamar, você precisa realmente mudar as coisas. Um fabricante de hardware com o qual trabalhamos decidiu que iria mudar tudo e todos seriam alocados a equipes Scrum. As pessoas ficaram céticas. Já tinham escutado aquele tipo de conversa antes. Empoderar as equipes; livrar-se dos impedimentos; acelerar as coisas trabalhando de maneira mais inteligente, não mais árdua...

Estávamos realizando um treinamento Scrum de dois dias para vários engenheiros e, no final do primeiro dia, o novo líder da empresa sentiu que precisava fazer algo. Os engenheiros simplesmente não pareciam acreditar que era *possível* mudar. Então ele se levantou no início do segundo dia e se dirigiu a todos na sala.

– Precisamos mudar a maneira como trabalhamos – disse, com a voz falhando um pouco. – Porque é péssima. Todos nós sabemos disso. É doloroso para todo mundo.

Os presentes permaneceram em silêncio, concordando.

– Todos queremos ser bem-sucedidos – continuou ele. – Queremos fazer o melhor produto possível. Queremos ter orgulho do que fazemos.

E então ele falou sobre a loucura da qual iriam se livrar, começando pelo vaso sanitário quebrado no banheiro masculino no saguão. Fazia tanto tempo que estava quebrado que ninguém mais se lembrava dele inteiro.

– Nós nos tornamos muito bons em colocar a fita em frente à porta – disse ele. – E muito, muito bons em fazer placas que dizem "Interditado". – Ele fez uma pausa, pensou por um momento e prosseguiu: – Por que somos melhores nisso do que em resolver o problema? Isso é um problema em si. Por isso consertamos o banheiro.

O grupo estava quieto, impressionado de verdade. Por fim, um funcionário disse:

– Já era hora. Obrigado.

Uma mulher da área de suprimentos também se manifestou:

– Isso é ótimo. Mas você pode consertar a pia no banheiro feminino ao lado?

– Sim! – respondeu o líder. – Mas apenas se todos vocês contarem a mim e a seus Scrum Masters onde estão os problemas. Caso contrário, não saberemos. Precisamos que falem e nos digam o que está atrasando o trabalho.

– Comece pela pia. Aí, sim, vou acreditar que você está falando sério – retrucou ela.

E assim fizeram.

Você não precisa aceitar que as coisas estão quebradas e não podem ser consertadas. Nem mesmo as coisas mais simples.

## A clareza das tempestades

Em 2017, tive uma conversa com uma concessionária de energia gigantesca nos Estados Unidos. O problema deles, disseram, tornou-se claro e cristalino pelo número de vezes que precisavam enviar um caminhão para resolver o problema de um cliente. Não importava a questão – consertar uma linha de energia que caiu, instalar serviços em um prédio novo, fazer reparos em uma subestação, o que fosse –, em geral eram necessárias cinco tentativas para resolver o problema. *Cinco* equipes tinham que visitar um cliente para um único problema. Além de resultar em clientes insatisfeitos, também é extremamente caro e causa desperdício para a concessionária.

Por que isso acontecia? As equipes apareciam e descobriam que o problema não era o que lhes disseram. Ou haviam recebido o endereço errado. Ou não tinham o equipamento certo ou as habilidades requeridas. Ou alguém tinha se esquecido de avisar à central para cortar a energia a fim de que pudessem trabalhar nas linhas. A pior parte, disseram, era quando dois caminhões se cruzavam na mesma rua indo em direções opostas para resolver o mesmo problema ou paravam em casas vizinhas. Não havia coordenação.

Então perguntei *por que* era assim. Acontece que as pessoas que agendavam os caminhões trabalhavam em um grupo diferente dos expedidores, que eram diferentes das pessoas que colocavam as ferramentas nos caminhões, que eram diferentes das pessoas na central que energizavam o cabo, que eram diferentes das pessoas que iam no caminhão. E ainda havia equipes de reparos residenciais e comerciais, que estavam em divisões diferentes.

Isso soa familiar? Cada um desses "feudos" precisava passar as tarefas para o grupo seguinte a fim de que o problema do cliente fosse resolvido. Eles não estavam todos alinhados em seus interesses, prioridades ou na estrutura de poder. E certamente não eram organizados com o objetivo principal de oferecer valor ao cliente. Eram organizados em torno de interesses internos específicos. Muito se fala sobre colocar o cliente em primeiro lugar, mas com muita frequência isso fica só na teoria mesmo.

Mas então algo interessante aconteceu. Nos Estados Unidos, existe a temporada de tempestades, quando furacões gigantes surgem vindos do Caribe ou do Atlântico Sul, trazendo ventos de alta velocidade, dilúvios e tempestades monstruosas que varrem a costa furiosamente. O pior ano desde que começamos a monitorar esses furacões e tempestades tropicais foi 2017; houve 17 tempestades nomeadas, incluindo 10 furacões, e 6 delas foram grandes (categoria 3 ou superior). Os furacões Maria e Irma devastaram as ilhas do Caribe e castigaram a Flórida. O Harvey inundou Galveston e Houston.

Um furacão pode destruir as comunicações e a rede elétrica – em alguns casos, por semanas, e, no caso de Porto Rico, por muitos e muitos meses. Eu estava nessa concessionária nos Estados Unidos cerca de um mês depois de uma das tempestades. A certa altura, eles tiveram centenas de milhares de clientes sem energia.

Eles chamam esses momentos de "temporada de tempestades". Durante esse período, nos esforços frenéticos para restaurar o fornecimento de energia a residências, hospitais e empresas, de repente todas as barreiras caem. Equipes de todo o país se reúnem. Um vice-presidente de marketing talvez seja visto distribuindo ovos mexidos pela manhã para manter os funcionários alimentados. Os "feudos" desaparecem. A vida dos cidadãos está em risco, e essas pessoas se orgulham de seu trabalho; elas fazem o que têm que fazer, não importa a circunstância.

E foi o que aconteceu depois daquela tempestade. Eles restauraram o fornecimento de eletricidade em questão de dias em vez de semanas. Foi incrível. Mas, uma vez reparados os danos, eles se entreolharam, exaustos e triunfantes, e voltaram a trabalhar como antes, mandando cinco caminhões para resolver um problema.

## As regras deveriam lutar para sobreviver

Alguns anos atrás, na NPR, a gerência me pediu que ocupasse o cargo de produtor de linha do *Morning Edition* por um tempo. Cabia a mim decidir o que aconteceria no programa, em que ordem e por quanto tempo. Foi divertido. Ter que estar lá à meia-noite não era particularmente agradável, mas o trabalho era ótimo.

Um dia, para abordar determinado assunto, eu quis fazer duas entrevistas, seguidas por uma matéria. Coloquei no quadro e um dos produtores que estava no programa havia anos disse:

– Você não pode fazer isso.

– O quê?

– Você não pode colocar duas entrevistas consecutivas.

– Por quê?

– É uma regra.

– Essa é uma regra estúpida.

– Tem a ver com a textura do programa, J. J. Você é apenas um substituto, provavelmente não entende como pensamos sobre o *Morning Edition*.

– É mesmo?

– Aqui, deixe que eu lhe mostre.

E então ele puxou um fichário branco com o título "Como fazemos o *Morning Edition*" ou algo parecido. Como era de esperar, o manual dizia que eu não podia fazer o que queria. Então cedi, pelo menos naquele momento.

Passei os três dias seguintes rastreando quem havia escrito aquela regra. Eu queria conversar com a pessoa. Enfim consegui falar por telefone com Jay Kernis. Foi ele quem lançou o *Morning Edition*, em 1978.

– Jay, tenho uma pergunta sobre uma regra.

– Qual delas?

– Aquela que diz que não posso fazer várias coisas consecutivas.

– Ah, isso era porque os equipamentos não conseguiam rebobinar as fitas rápido o suficiente, então precisávamos espaçar as coisas gravadas.

Conto essa história porque tenho certeza de que você também tem algumas dessas regras em sua organização. Uma empresa que conheço demorava de três a seis meses para atualizar os artigos em seu site porque uma vez, anos antes, algo foi publicado lá e eles foram multados pelos reguladores do setor. Portanto, fosse ou não necessário, tudo era revisado por um pequeno grupo de ética e conformidade. Foi o chefe desse grupo quem me ligou: sua equipe era o obstáculo e ele não estava conseguindo contornar essa regra. Perguntei-lhe quanto do material que revisava chegava a mencionar uma área regulada. Talvez 10%, ele me disse. Então sugeri: "Que tal fazer assim? Antes de as equipes começarem a escrever, você se senta, examina seus backlogs e marca os itens que são potencialmente perigosos, então explica o que eles precisam fazer para esses textos específicos." Após essa pequena alteração, passaram a atualizar o site diariamente.

Não é que as pessoas que criam entraves sejam burras ou mal-intencionadas. Aquelas duas regras existiam por uma ótima razão *no momento em que foram implementadas*. Mas as coisas mudam. A tecnologia muda. Os regulamentos mudam. O ambiente muda. Costumo me referir a esse tipo de regra como "cicatriz organizacional". Se uma regra parecer idiota, talvez ela seja mesmo idiota, e você deve descobrir quem pode alterá-la.

A lei Sarbanes-Oxley (também conhecida como SOX) foi sancionada nos Estados Unidos em 2002, logo após os escândalos desastrosos da Enron, da WorldCom e da Tyco International. E a SOX, como se sabe, é feroz: se um CEO ou CFO enviar conscientemente dados falsos para uma auditoria de conformidade com a SOX, poderá ser multado em até 5 milhões de dólares e enfrentar até 20 anos de cadeia. Não é brincadeira. Toda empresa pública e toda empresa internacional registrada na Comissão de Valores Mobiliários dos Estados Unidos (SEC) e qualquer firma de contabilidade que presta serviços a essas empresas deve se adequar às regras da SOX.

Todo ano, todas essas organizações precisam contratar um auditor externo para revisar suas finanças e seus controles internos. A auditoria é bem completa e analisa o acesso a dados financeiros, segurança, gerenciamento de alterações e como é feito o backup dos dados.

Minha colega Kim Antelo estava havia alguns anos trabalhando em uma grande indústria global. Eles fabricam coisas importantes, como as que mantêm aviões no céu. Seu grupo era totalmente Scrum e, sem que ela soubesse, o grupo de conformidade da SOX os auditou. Os auditores a convidaram para uma reunião e disseram que ela havia falhado terrivelmente: a equipe não estava fazendo isso e aquilo, ela precisava acrescentar uma série de controles, não possuía certos documentos requisitados.

"Vocês estão certos", disse ela. "Eu não tenho essas coisas. Mas posso provar que estamos na verdade fazendo mais do que vocês estão nos pedindo e de uma forma muito mais eficiente."

Acontece que a lei Sarbanes-Oxley de fato não indica como você deve provar que possui os controles internos corretos; apenas especifica que você precisa provar. Ela pediu que eles dessem um passo para trás e pensassem no espírito daqueles controles e no motivo de existirem. Então contou a eles como seu grupo estava seguindo as exigências.

"Não temos o documento que vocês estão procurando, é verdade, mas temos um Product Owner que separa tarefas para um sprint a cada duas semanas. Minha equipe se comprometeu com todos os requisitos. Vocês podem ver em nossa ferramenta de backlog do produto quem escreveu o código, quem o revisou, quem enviou a solicitação de mesclagem, quem aprovou a solicitação de mesclagem. Vocês podem ver todos os testes e verificar toda a documentação." Ela ressaltou que o Scrum é mais transparente e fornece mais dados sobre o que está acontecendo e o que aconteceu do que aquilo que as auditorias tradicionais solicitam.

"Você está certa", disse um auditor. "Esse processo Ágil é muito melhor."

Ela pensou que era o fim da história. Então o diretor de TI de todo o gigantesco conglomerado pediu que ela conduzisse uma palestra para os líderes da empresa a fim de mostrar a eles como fazê-lo.

"As regras antigas não se aplicam mais", disse ela ao grupo. "O que precisamos fazer para melhorar as coisas?"

Sei muito bem que existem algumas regras sobre as quais você não pode fazer nada. Talvez a política corporativa seja comum a todos os setores e você simplesmente não possa alterá-la. Eu entendo. Mas pelo menos teste um pouco os limites. Veja se o que você acha que é imóvel na verdade não se mexe um pouco quando você dá um empurrãozinho.

Apenas mais um exemplo. Muitos anos atrás, na Siemens, eles estavam se afogando no número de documentos e relatórios que precisavam produzir. E ninguém tinha autoridade para alterá-los. Assim, como um experimento, as equipes Scrum começaram a colocar textos ridículos em uma página no meio do documento com um número de telefone caso alguém tivesse problemas para lê-lo. Se ninguém telefonasse por seis semanas, eles paravam de produzir aquele documento ou relatório específico. As regras diziam que eles precisavam gerá-los e eles as seguiam sem pensar. Elas estavam no comando, não as pessoas. Isso é tão louco que chega a ser kafkiano.

De vez em quando, faça as regras lutarem pela própria sobrevivência. As pessoas merecem isso.

## Coisas que parecem loucas geralmente são

Todos os cenários que mencionei neste capítulo são, com o risco de parecer óbvio, simplesmente loucos. As pessoas envolvidas nessas situações se acostumam tanto à loucura que não conseguem mais ver quão doidas estão. Esses cenários também são, infelizmente, muito comuns. Eu apostaria um bom dinheiro em que, se examinássemos o modo como as coisas funcionam em sua empresa ou organização, encontraríamos muitas coisas igualmente impregnadas desse tipo de maluquice. Um indício disso é se você se pegar dizendo coisas como:

*"É assim que as coisas funcionam por aqui."*

*"Isso nunca vai mudar."*

*"Eu sei que parece loucura, mas..."*

Quando pessoas e lugares parecem fora de sintonia, na grande maioria das vezes eles de fato estão. Os seres humanos são milagres de adaptação e fundamentação. É assim que sobrevivemos. É o que fazemos. Nós nos encontramos em situações impossíveis e fazemos quaisquer ajustes mentais necessários para sobreviver. E deixe-me tranquilizá-lo: não é só você. As pessoas na parte inferior da hierarquia não são diferentes das pessoas na parte superior. Todos ficamos presos nisso. O que precisamos fazer é criar proteções ao redor das equipes, dizer a elas o objetivo das regras, o significado, a razão pela qual existem e capacitá-las a desafiar as regras caso não façam mais sentido ou não entreguem mais o que foram criadas para entregar.

Você acha que os profissionais no topo, com muito trabalho para fazer e muito pouco tempo para fazê-lo, queriam que fosse assim? Eles disseram a si mesmos que estavam apenas agindo de acordo com as forças aplicadas sobre eles.

Na recuperação de um vício, dizem que o primeiro passo é admitir que você tem um problema. Isso pode ser verdade, mas, no mundo dos negócios, as pessoas com quem converso em geral estão bem cientes de que têm um problema. Que não conseguem realizar o que precisam. Que têm um ambiente de trabalho tóxico, disfuncional ou imperfeito. Que, a menos que as coisas mudem, tudo ficará pior.

Para mim, o primeiro passo é dizer: *Claro, tenho um problema, mas posso corrigi-lo. Posso mudar a situação em que estou. Posso fazer algo diferente. Não precisa ser assim.*

E não precisa mesmo. Até grandes organizações podem mudar, e rapidamente. As organizações, como as pessoas, são fenômenos que emergem de sistemas adaptativos complexos. Você não pode entender o todo compreendendo as partes. É o mesmo raciocínio do indivíduo para a massa. Somos produtos não de partes individuais de um sistema, mas da inter-relação dessas partes.

Todos os funcionários de uma empresa, indivíduos diferentes, se reúnem todos os dias e, por meio de seus relacionamentos, decidem como será a organização naquele dia. Aderem a um conjunto de regras sobre como conversar uns com os outros e tomar decisões. E todos os dias a organização é criada novamente. É uma decisão, não uma inevitabilidade.

## Por que não pode ser temporada de tempestades o tempo todo?

O Dr. Otto Scharmer, professor da faculdade de administração do MIT, tem uma teoria: todo mundo tem medo. Somos movidos pelo medo. E o medo nos controla.

Como muitos estudos já demonstraram, as pessoas que têm medo não são muito criativas. Tendem a recorrer a padrões antigos, o que Scharmer chama de download. Ao trabalhar em um mundo de rápidas mudanças que não conseguimos entender, fazemos o download de comportamentos passados, mesmo que sejam comprovadamente ineficazes ou tenham o efeito contrário ao desejado no ambiente atual. Ainda assim, defendemos esses comportamentos até a morte. Erguemos barricadas e dizemos *não mais*. Se não podemos controlar a maneira como o mundo está mudando, podemos pelo menos controlar o grau em que nós mudamos. E assim nos condenamos à proverbial lata de lixo da história.

Scharmer diz que, para superar esse medo, precisamos passar por três vozes que fazem parte do nosso diálogo interior.

### *A voz do julgamento*

A voz do julgamento analisa novas informações tendo como base a nossa visão de mundo. Fatos ou dados reais não nos influenciam; o que realmente queremos é a confirmação daquilo em que já acreditamos. Os cientistas políticos veem isso em pesquisas sobre a polarização política em curso atualmente em muitas partes do mundo. Não importa quais eventos ou ações ocorram, eles são vistos através das lentes da identidade partidária. Tudo que é dito e feito apenas reforça nossas posições já estabelecidas. Existem apenas dois lados em qualquer posição: o nosso e o errado. O mundo se torna monocromático.

Esse tipo de viés de confirmação, ou falta de capacidade de pensar criticamente, acontece com todo mundo em alguns aspectos de nossas vidas. O truque aqui é perceber que isso está acontecendo – não apenas com as pessoas a quem você se opõe tanto, mas também consigo mesmo. Se você é líder em uma organização, precisa reconhecer que isso também está acontecendo dentro da sua empresa e pode limitar a capacidade dela de crescer e mudar, até mesmo do que é capaz de levar em consideração. Esse viés pode combater de forma ativa a mudança que você está tentando implementar.

Apenas reconhecer esse processo pode ser uma ferramenta poderosa para superá-lo. Muitas vezes, nosso medo é motivado por algo que as pessoas estão tentando proteger. Uma empresa com a qual trabalhei tem uma reputação lendária de engenharia do mais alto nível. Quando tentamos introduzir o Scrum, a maior resistência veio dos gerentes de nível médio, que incorporaram essa voz do julgamento. Eles resistiram firmemente à mudança, agindo pelas costas da gerência sênior para sabotar a transformação que a empresa estava tentando alcançar. Diziam que sim em uma reunião, mas encontravam maneiras de resistir e sabotar qualquer que fosse a iniciativa.

A princípio, minha reação provavelmente foi um espelho da reação deles a mim: achei que eram uns idiotas traidores. Porém, por mais gratificante que possa ser se achar melhor que os outros, isso não resolve absolutamente nada. Mesmo que você esteja certo. E eu estava. Eles eram dinossauros. Iam matar a empresa, e só eu teria condição de salvá-la.

É claro que, na realidade, eu estava completamente errado. Eles estavam protegendo o que haviam dedicado sua vida profissional a construir. A gerência intermediária é dona da cultura de uma empresa. É a personificação dela. Eles viam o Scrum como uma ameaça àquela cultura, a seu sustento e a sua empresa. Tinham ajudado a criar e sustentar uma cultura de excelência da qual se orgulhavam. Então precisei mostrar a eles – convencê-los – que não tinham que mudar seus ideais, mas que aquela nova maneira de trabalhar os aprimoraria. Precisei provar que eles de fato poderiam obter melhor qualidade com mais rapidez. Aquele Scrum permitiria que eles experimentassem mais plenamente o que sentiam com tanta força.

## *A voz do ceticismo*

A segunda voz de Scharmer é a voz do ceticismo. Veja bem, eu fui jornalista por 20 anos. O ceticismo era minha moeda. Cobri as Forças Armadas em tempo de guerra e o ceticismo foi a resposta mais apropriada na grande maioria das vezes. Desconfiar das inverdades que nos dizem é saudável. É uma característica importante em jornalistas.

Para uma organização, porém, o ceticismo é a morte. Dito isso, o ceticismo em uma empresa em dificuldade é totalmente compreensível. A gerência diz uma coisa mas faz outra. Ou implementa outro modismo, outra reorganização mal planejada ou outra solução mágica que faz com que se sintam melhores, mas piora o trabalho da maioria dos funcionários.

Existe uma empresa – uma das marcas mais reconhecidas do planeta – que, como a maioria das grandes organizações, está enfrentando um mundo em rápida mudança e descobrindo que simplesmente não consegue concluir as coisas. Todos estão ocupados, mas não são capazes de lançar novos produtos. Os concorrentes começaram a comer sua fatia de mercado. A empresa está ficando para trás em categorias totalmente novas. E, quando conseguem comprar uma startup, inevitavelmente destroem a lógica pela qual a compraram, para começo de conversa.

Há cerca de um ano, o CEO resolveu que eles se tornariam Ágeis. Dariam poder a seus funcionários. Devolveriam a tomada de decisões às próprias equipes, às pessoas mais próximas do mercado. Abraçariam a inovação, uma cultura de fracassar rápido, aprender rápido e celebrar isso. Derrubariam os feudos! O CEO chegou a colocar isso em seu relatório anual. Ele estava falando sério.

Ou parecia que sim, até você conversar com as pessoas algumas camadas abaixo dele na hierarquia. Elas me disseram que, não importava o que o CEO dissesse, os gerentes de nível médio não o fariam. Não permitiriam que as equipes tomassem decisões sozinhas ou derrubassem os feudos, ou fizessem qualquer outra coisa que uma estrutura Ágil foi projetada para fazer. Aquela não era a primeira vez que eles participavam de sessões de treinamento, iam a reuniões gerais e recebiam e-mails de acompanhamento. Nada havia mudado antes, então por que deveriam acreditar que dessa vez seria diferente?

O que o ceticismo faz é protegê-lo emocionalmente de sentir esperança e se decepcionar depois. Isso o distancia do que está acontecendo. Permite que você evite sentir dor quando as coisas não dão certo. É um instinto natural. Mas também destrói iniciativas e arruína casamentos e empresas. É um mecanismo de sobrevivência que leva à traição emocional.

Então, eis o que eu sugeri: "Imprima a declaração do CEO. E quando um gerente ou diretor de programa ou qualquer um o impedir de fazer as coisas só porque ele resiste à mudança – se agarrando ao poder ou insistindo em trabalhar nas 15 prioridades máximas –, mostre isso a ele. Pergunte se o CEO é um mentiroso. E, se eles insistirem, vá até o chefe deles, e até o chefe do chefe, até que, se necessário, você chegue ao escritório do CEO e faça a pergunta. Mas acho que você não precisará ir tão longe."

Surpreendentemente, funcionou. Devagar, sem dúvida. Eles ainda não terminaram. Mas, equipe por equipe, unidade por unidade, um sprint de cada vez, estão promovendo mudanças reais na empresa. É preciso disciplina. É preciso foco. É preciso comprometimento. Mas é possível.

## *A voz do medo*

A última voz com a qual devemos lidar, na classificação de Scharmer, é a voz do medo, que mencionei no início do capítulo. Pense no seu trabalho agora, no seu projeto mais importante. Deixe-me sussurrar algumas perguntas em seu ouvido: *E se eu falhar? O que meu chefe pensará de mim? O que minha equipe pensará de mim? O que minha família pensará de mim se eu for demitido? O que meu pai pensará de mim?*

Isso é medo. É medo real.

E ele vive dentro de todos nós, naquela pequena amígdala situada tão confortavelmente no centro do cérebro, sempre pronta para insistir em que abandonemos todo pensamento consciente e apenas fujamos ou lutemos. Esse é o medo que nos acorda no meio da noite.

Mas se queremos criar algo novo, se queremos ajudar a guiar outras pessoas para um território desconhecido, se queremos ter uma ótima equipe ou uma ótima empresa, precisamos reconhecer o medo e abandoná-lo. Temos que estar à vontade com a incerteza e a mudança, confortáveis em tomar decisões com base em informações incompletas. Em ver um futuro na neblina e dizer aos outros: "Consigo enxergá-lo – é real. Podemos chegar lá juntos."

William Edwards Deming foi o homem que ensinou aos japoneses todo o conceito de melhoria contínua após a Segunda Guerra Mundial. Anos depois, ele ficou profundamente preocupado com os negócios americanos. Na década de 1980, publicou um livro chamado *Saia da crise*, porque viu a indústria americana enfrentar na época uma crise existencial semelhante à situação do Japão no pós-guerra. Ele desenvolveu uma lista de 14 coisas que as empresas devem fazer, como "Melhore constantemente e para sempre" e "Institua liderança". Quero considerar em particular a número 8: "Elimine o medo".

Onde houver medo, disse Deming, haverá números errados. Ou, como Peter Drucker colocou: "A psicologia comportamental moderna demonstrou que um grande medo coage, enquanto os remanescentes do medo causam apenas ressentimento e resistência. (...) Medos menores destroem a motivação."[1]

Eu poderia fazer várias citações sobre segurança psicológica, confiança e construção de grandes organizações. Mas a verdade é que o medo é inimigo do raciocínio – para você, sua equipe e sua organização.

E é por isso que não é "temporada de tempestades" o tempo todo. As pessoas têm medo de fazer as alterações necessárias. Têm medo da disrupção que afeta o seu setor – e o planeta. É um medo perfeitamente racional, para ser honesto. Mas manterá você e sua organização presos em um ciclo de negação e represália, tratando pessoas como engrenagens substituíveis, clientes como inimigos e colegas como cortesões traiçoeiros.

Esse é um jeito verdadeiramente triste de viver.

Mas você não precisa viver assim.

## As pessoas são conexão

Almocei recentemente com o professor Ikujiro Nonaka, da Universidade Hitotsubashi, que tem a principal faculdade de administração do Japão. Nonaka é coautor do artigo que cunhou o termo *Scrum* em 1986. Ele disse que o segredo para a construção de uma grande organização – a missão de grandes líderes – é criar o ambiente em que a inovação acontece. E que esse ambiente existe na conexão entre as pessoas. Ele usou a palavra japonesa *ba*, que se traduz livremente como "um contexto que abriga significado". É um espaço compartilhado entre indivíduos que constitui a base para a criação de conhecimento.

Nonaka usou a metáfora dos pontos de vista. Quando falamos de nós mesmos, falamos na primeira pessoa: *Eu fiz isso, senti aquilo, sou isso* – o ego, para usar a metáfora freudiana da mente. Quando falamos de organizações ou grupos, falamos na terceira pessoa: *Eles fizeram isso, esse lugar é assim, essa empresa age desse jeito*. E se deixarmos assim, se virmos o mundo como algo atomizado e separado no nível do indivíduo e como o "outro" e o "não nós" no nível organizacional, é aí que as coisas acabam mal. Vemos toda interação como uma transação. Falamos sobre um mundo cruel. Consideramos aqueles que discordam de nós servos de uma ideologia maligna porque estão ameaçando nossa existência cotidiana. É um jogo de soma zero – eu ganho, você perde – e qualquer um que não vê o mundo dessa maneira é um idiota. Essa é uma filosofia de egoísmo e escassez.

Nonaka argumenta que o que abre espaço para a inovação acontecer, para a criação acontecer, é passar do "eu" e do "eles" para o "nós". Ele disse que a humanidade existe nessa conexão. O caractere kanji japonês para "humanidade" é um ideograma de duas pessoas cara a cara. A própria humanidade existe apenas na conexão entre as pessoas. Quando você está em uma parceria, ou participando de uma equipe, ou trabalhando junto com alguém, ou tendo centenas de equipes alinhadas com um único objetivo, cria algo maior que a soma das partes. Esse algo tem uma identidade, uma personalidade, uma vida própria. É por isso que celebramos quando dá certo e sofremos quando desmorona. É por isso que *viúvo* e *órfão* estão entre nossas palavras mais tristes, e *família*, *casamento* e *nascimento*, entre as mais felizes. É por isso que ficamos empolgados no início dos projetos e lamentamos quando terminam e a equipe se despede depois que a tempestade passa. É por isso que separações são difíceis e reunir os amigos é uma de nossas maiores alegrias. Nós existimos apenas no relacionamento.

A Scrum Inc. está espalhada por todo o planeta. No momento em que escrevo, temos equipes no Japão, na Alemanha, no Reino Unido, na Austrália, em Cingapura e no México, além de em vários estados americanos, como o Texas e Massachusetts. Trabalhamos globalmente. A cada trimestre, paramos tudo, viajamos para uma cidade e nos encontramos fisicamente. Conversamos, nos divertimos, comemos juntos. Não trabalhamos muito, para ser honesto. Fazemos isso para manter a conexão. Para manter nosso *ba* forte.

Esses encontros saem caro, tanto em termos de dinheiro quanto de oportunidades. Mas esse investimento compensa ao deixar a equipe muito mais feliz e alinhada. Vale totalmente a pena.

O trabalho de um líder é garantir que esses relacionamentos sejam saudáveis. Que a comunidade esteja forte. Que exista um terreno fértil para solução de problemas, criatividade e inovação. Este é o antídoto para o medo: conexão.

## RESUMO

***Reconheça a loucura.*** As pessoas envolvidas em situações malucas ficam tão acostumadas com a loucura que não conseguem mais ver como estão doidas. É por isso que você costuma ouvir profissionais dizerem coisas como "É assim que as coisas funcionam por aqui" ou "Isso nunca vai mudar" ou "Eu sei que parece loucura, mas...". Lutar contra a loucura é um jogo em que alguém tem que sair perdendo para o outro ganhar. Se a loucura vencer, você perde.

***As regras devem lutar pela própria sobrevivência.*** As regras foram criadas por um motivo muito bom no momento em que foram implementadas. Mas as coisas mudam, a tecnologia se modifica, o ambiente se transforma. Se uma regra parece idiota, talvez realmente o seja, e você deve descobrir quem pode alterá-la.

***Faça com que seja "temporada de tempestades".*** Você tem a capacidade de trabalhar de maneira deliberada e focada — o tempo todo. As pessoas têm medo de fazer as alterações necessárias. É um medo perfeitamente racional, para ser honesto. Mas manterá você e sua organização presos em um ciclo de negação e represália. Você pode acordar amanhã e decidir ser algo diferente.

***Encontre o seu* ba.** É um espaço compartilhado entre indivíduos que constitui a base para a criação de conhecimento. Quando está em uma parceria ou participa de uma equipe ou tem equipes alinhadas com uma única meta, você cria algo maior que a soma das partes. E o trabalho de um líder é garantir que esses relacionamentos estejam saudáveis, que a comunidade seja forte, que exista um terreno fértil para solução de problemas, criatividade e inovação. Este é o antídoto para o medo: conexão.

## BACKLOG

- Pense em cada uma das vozes da classificação do medo de Otto Scharmer:
    - *Voz do julgamento*. Quando julgamos novas informações com base na nossa visão de mundo, fatos ou dados reais não nos influenciam — o que queremos mesmo é a confirmação daquilo em que já acreditamos.
    - *Voz do ceticismo*. Algum ceticismo pode ser bom, mas em demasia pode significar a morte de uma organização. O cético é sempre contra o novo. Não importa se as mudanças são boas ou ruins, ele as vê como nada além de um placebo que fará com que os outros se sintam melhores mas piorará seu trabalho.
    - *Voz do medo*. Pense no seu trabalho agora, no seu projeto mais importante. Deixe-me sussurrar algumas perguntas em seu ouvido: *E se eu falhar? O que meu chefe pensará de mim? O que minha equipe pensará de mim? O que minha família pensará de mim se eu for demitido?*
- Qual voz (ou vozes) melhor descreve você e como você pensa? O que pode fazer para remediar isso?
- Quais regras ou situações você aceitou como normais, mesmo que, na verdade, fossem loucas? Quais você questionou? Por que a primeira lista é maior que a segunda?
- Quão conectado você está com as pessoas com quem trabalha? Faça algo para aumentar essa conexão.

CAPÍTULO 6

# Estrutura é cultura

O Riccardo's é um pequeno restaurante localizado no bairro londrino de Chelsea. Seu cardápio é repleto de clássicos da Toscana: pappa al pomodoro, ribollita, pappardelle con ragù di cervo e coisas assim. Riccardo Mariti abriu o estabelecimento em 1995. Seu pai era da Toscana e Riccardo tinha boas lembranças da comida na mesa da avó quando ia visitá-la na infância. O restaurante acomoda 90 pessoas, com espaço para mais 45 do lado de fora quando o clima permite. Em uma boa noite, eles giram as mesas duas, talvez três vezes.

Há alguns anos, Riccardo chegou a uma conclusão: a maneira como seu negócio estava sendo administrado simplesmente não funcionava mais. Os restaurantes, ele me contou, são altamente hierárquicos, talvez os piores locais de trabalho que existem. Gerentes e chefs são grosseiros com os membros da equipe e não permitem que pensem por si próprios. Ele cogitou abandonar o negócio por completo e vender o estabelecimento.

Aí descobriu o Scrum lendo meu primeiro livro. E começou a participar de sessões de treinamento da Scrum Inc. uma após outra: primeiro na Alemanha, depois na Suécia e, em seguida, em Boston, nos Estados Unidos. Então voltou ao seu restaurante e mudou tudo.

"No Scrum", afirma ele, "ninguém lhe diz o que fazer. Eles falam o que precisa ser feito, mas você descobre a melhor maneira de fazê-lo. E isso realmente me impactou."

Ele informou à equipe que precisavam de um novo sistema operacional, uma nova maneira de administrar o restaurante. "Seus empregos estarão assegurados, mas ninguém terá o cargo garantido", disse ele. Não haveria mais gerentes. Todo mundo agora seria membro da equipe, incluindo ele.

Então lhes ofereceu uma participação nos lucros. Alguns aceitaram a proposta, outros não. Mas a hierarquia havia se transformado de uma autocracia para uma organização totalmente plana. Sem títulos, sem chefes; apenas pessoas descobrindo juntas como servir os clientes de uma maneira melhor, mais rápida e mais feliz.

Riccardo descobriu que estrutura é cultura. E a cultura define seus limites. Uma estrutura rígida se torna uma arquitetura cultural e de produtos rígida. Faz com que mudar seja muito mais difícil. Isso vale para o nível da equipe e mais ainda para o nível organizacional.

Sua estrutura é mais do que apenas seu organograma. Um de meus mentores, Darrell Rigby, da Bain & Company, disse-me uma vez que duas empresas podem ter organogramas bem semelhantes, mas culturas e modelos operacionais muito diferentes.

"Falar sobre modelos operacionais é falar como uma organização funciona", afirma ele. "É uma combinação de 'Qual é o nosso propósito e a nossa paixão?', 'Como nossos líderes se comportam?', 'Como é a nossa cultura?', 'Quais são nossos sistemas estratégicos?', 'Como funciona o orçamento?' e 'Que tipo de pessoas contratamos?'. Os organogramas são apenas um dos muitos elementos que compõem esse modelo operacional."

Rigby compara o organograma ao hardware da empresa. É importante, mas ainda mais importante é o software que roda nele, o modelo operacional. E, na minha opinião, é preciso transformar os dois para obter resultados reais.

Portanto, sua estrutura é mais do que apenas seu organograma. São seus valores. É aquilo que você recompensa. São os resultados em torno dos quais você organiza suas equipes. Sua cultura emerge desses fatores. Você não pode decidir o que ela é, mas precisa permitir que seja criada.

## Limitações humanas

Quando reunimos pessoas para realizar qualquer coisa, alguns fatores parecem estar tão profundamente enraizados na natureza humana que são impossíveis de evitar. E você deve estar ciente deles. O primeiro é o que é conhecido como lei de Conway, assim chamada porque Melvin Conway divulgou a ideia em um artigo intitulado "Como os comitês inventam", em 1968. "Organizações que projetam sistemas [no sentido amplo usado aqui]", ele escreveu, "são forçadas a produzir designs que são cópias das estruturas de comunicação dessas organizações."[1]

A propósito, o ano de 1968 é o mesmo em que lançaram o Hot Wheels e os sacos Ziploc. E, assim como esses produtos, a lei de Conway sobreviveu ao teste do tempo. Pesquisadores do MIT, da Harvard Business School, da Universidade de Maryland e até da própria Microsoft chegaram repetidas vezes à conclusão de que a lei é verdadeira.

A segunda coisa de que você precisa estar ciente é o corolário de Shalloway, cunhado há alguns anos por Al Shalloway, CEO da Net Objectives e um pensador de longa data sobre essas temáticas: "Quando os grupos de desenvolvimento mudam a organização de sua equipe de desenvolvimento, a arquitetura atual de aplicação funcionará contra eles."

Examinemos essas duas ideias. A lei de Conway basicamente afirma que, não importa o que você esteja fazendo ou criando, seja um software, um carro, um foguete ou um restaurante, seu produto ou serviço se refletirá em sua arquitetura, em como as peças são reunidas, nos padrões de comunicação da sua equipe. Se você tem uma organização hierárquica rígida, complexa, resistente a mudanças, que oculta informações e se comunica lentamente – se é que se comunica –, seu produto será hierárquico, rígido, complexo e resistente a mudanças. Difícil de manter, difícil de atualizar, difícil de se adaptar a novas realidades ou forças.

Isso pode ou não ser refletido em seu organograma. Você pode configurar equipes Scrum multifuncionais em feudos funcionais. E, no começo, talvez isso seja o máximo que conseguirá fazer. Sua estrutura de comunicação talvez seja diferente da sua estrutura organizacional. Com o tempo, o ideal é alterar a estrutura organizacional para refletir seus caminhos de comunicação; caso contrário, eles entrarão em conflito. Mas é muito melhor deixar essa nova estrutura emergir à medida que o trabalho é feito.

Quando se está criando um produto, não se sabe qual será a estrutura certa no começo do projeto. Esta é a verdadeira arrogância do método em cascata: deixar de reconhecer que simplesmente não se sabe. Para ser Ágil é preciso reconhecer que você não sabe as respostas e não consegue prever o futuro; a solução correta emergirá do trabalho, do recebimento de feedback e da experimentação rumo à melhor solução naquele momento.

Não existe uma estrutura "correta". Um fornecedor das Forças Armadas, um grande banco e uma empresa de jogos on-line avaliada em bilhões de dólares serão diferentes, porque estão fazendo coisas muito, muito diferentes. Têm objetivos e estratégias distintos. A estrutura correta para cada um também será distinta.

Deixe-me dar um exemplo. Meu velho amigo Jacob Sisk é CEO de um laboratório de inovação de um dos maiores bancos do planeta. Há alguns anos, nós nos encontramos em Amsterdã. Ele estava morando em Zurique, na Alemanha, e eu estava na Holanda a negócios.

Passamos pelo Vondelpark a caminho do Rijksmuseum, um dos melhores museus do mundo. Suas coleções dos mestres holandeses das artes plásticas – Rembrandt, Vermeer e outros – são impressionantes. Ao analisar uma das obras, Jacob me contou uma história interessante sobre o museu. Por mais de 100 anos, a exibição do acervo havia replicado exatamente a organização do lugar. Cada departamento – de pinturas, de esculturas, de cerâmicas e tudo mais – formava o próprio feudo, não apenas em sua estrutura de relatórios, mas também no próprio layout físico das exposições.

Se você se interessasse por pinturas, começaria nos anos 1200 e iria percorrendo a linha do tempo até o presente. No salão seguinte – digamos, de esculturas –, você recomeçaria no período medieval e percorreria a história. Então partiria do início de novo na cerâmica. As salas de exposições do museu eram uma cópia de seu organograma.

Em 2003, o Rijksmuseum foi fechado para uma restauração. Enquanto planejava a grande reabertura em 2013, o diretor de acervos da época, Taco Dibbits, decidiu fazer algo diferente. Quis organizar o museu por séculos, para que os visitantes pudessem ter uma noção da arte de cada período, não apenas de um tipo específico de arte. Os artistas existem contemporaneamente: são influenciados uns pelos outros, vão às exposições uns dos outros, discutem sobre a natureza da estética e o propósito da arte. Se você os separar de acordo com seu meio de expressão, não poderá ver essa troca refletida no trabalho deles.

Para fazer isso, o museu formou equipes multifuncionais compostas por especialistas. Essa foi uma grande mudança. Antes, os diferentes grupos de curadores mal interagiam entre si. Agora precisavam trabalhar juntos para selecionar quais peças do acervo de cerca de 1 milhão de itens seriam exibidas juntas. Ao todo, poderiam escolher apenas 8 mil. Cada século tinha uma equipe.

O Rijksmuseum reabriu com muito alarde e a restauração foi saudada como um sucesso retumbante. O jornal inglês *The Guardian* afirmou na época: "Os resultados há muito aguardados são tão espetaculares que o museu provavelmente será um modelo para outras instituições nos próximos anos." Mas o esforço deixou a equipe exausta. Dibbits disse que era hora de se perguntarem: "Agora que finalizamos isso, o que podemos fazer? Como permanecer relevantes?"

Eles criaram novas equipes multifuncionais Ágeis, que incluíam de curadores a seguranças, para pensar de fato em como as pessoas experimentam o museu e as exposições individuais. A estrutura determinava o que eles eram capazes de fazer naquele momento. Não se tornaram completamente Scrum – tinham questões herdadas –, mas, considerando seus problemas importantes e o objetivo geral de manter a relevância em um mundo em rápida transformação, a estrutura teve que ser quebrada, já que estava limitando o que era possível concretizar.

Quando contei essa história a Darrell Rigby, ele imediatamente perguntou: "Como eles sabiam que a organização por época era melhor que por categoria?" Ele afirmou que a questão mais interessante era como criar as experiências que os clientes vão considerar mais valiosas e benéficas. Darrell lida com essa pergunta o tempo todo quando trabalha com grandes lojas de departamentos. A maioria delas é organizada por marca – o espaço esportivo da Under Armour aqui, o aconchegante estande de madeira da Body Shop ao lado, um totalmente diferente do outro. Mas ele conta que muita gente diz que essa não é a melhor maneira de montar uma loja de departamentos, defendendo que ela seja configurada por categorias. "Eles discutem isso o tempo todo."

A verdadeira questão, afirma Darrell, é como se aproximar o suficiente do cliente para descobrir o que é melhor para ele. No Rijksmuseum, as equipes incluem profissionais de todas as funções no museu, em especial aqueles que interagem com os visitantes – os seguranças, os guias, aqueles que pegam os ingressos na entrada, os atendentes da loja –, além dos curadores. E todos trabalham juntos, desfazendo feudos organizacionais para criar uma experiência completa para os visitantes. As melhorias são constantes, pois estão sempre se perguntando: *Como podemos nos aprimorar? Como os clientes estão mudando seus hábitos? Como podemos alcançar as pessoas onde elas estão?*

Na Adobe, que adotou o Scrum há mais de uma década, as equipes decidiram que precisavam de mais feedback dos clientes para fazer exatamente isso. Antes do Scrum, as únicas comunicações de clientes que recebiam eram os relatórios de erros. Como resultado, não estavam fazendo as coisas que os consumidores queriam. Então decidiram mudar. A equipe do Flash Pro passou a convidar superusuários para as revisões do sprint. Outras equipes criaram servidores privados e deram acesso aos clientes mais apaixonados. Assim, aproximaram-se cada vez mais do consumidor final. Agora, pelo que me disseram, não criam mais recursos que ninguém usará, algo que costumavam fazer. E com frequência.

## A gerência se torna liderança

Um erro comum que a gerência comete durante a transição para uma organização Scrum é pensar que suas funções não mudarão. Os gestores querem obter todos os benefícios do Scrum – mais valor entregue numa velocidade radicalmente maior e com mais qualidade –, mas não percebem que precisam mudar o próprio comportamento também.

No Riccardo's, quando se livraram de todas as funções gerenciais, não foi apenas o comportamento da equipe que teve que mudar. Riccardo também precisou alterar o próprio modo de agir. Ele teve que aprender a não interferir, e não foi fácil.

"Sou impulsivo e adoro resolver problemas", disse ele. "Meu impulso quando alguém me traz um problema é resolvê-lo." Ele precisou desaprender esse comportamento. Agora não é o tomador de decisões, mas ajuda a equipe a fazer escolhas melhores. E teve que incentivar os funcionários a decidir por si próprios. Essa foi uma mudança difícil para pessoas que estavam tão acostumadas às hierarquias rígidas do mundo dos restaurantes. No início, eles se voltavam para os Product Owners ou Scrum Masters esperando que lhes dissessem o que fazer.

Deixar essas escolhas com a equipe teve um impacto enorme. O tempo necessário para responder a um problema do cliente caiu 70%. Os funcionários tomam as decisões e resolvem o problema *três vezes mais rápido*. Mas, para fazer isso, os gerentes precisam dar um passo para trás e transformar sua função de gerência em liderança.

Em uma empresa Ágil, a liderança é ainda mais necessária que em uma organização com estrutura formal. Com um organograma tradicional, pode levar uma eternidade para que os pedidos de um executivo desçam por todos os níveis; eles acabam sendo reinterpretados em cada nível e, em geral, resultando em coisas que ninguém queria, como no caso da Adobe. O jogo do telefone sem fio corporativo dava origem a funcionalidades inúteis. De certa forma, essa lentidão é um mecanismo de defesa organizacional; fornece um delay, um atraso entre uma decisão ruim e as consequências ruins. Não vai impedir que as más consequências venham a aparecer, mas há uma chance – não é grande, mas existe – de que a má ideia seja corrigida antes que se torne realidade.

Um dia, pouco depois de se tornar CEO de seu laboratório de inovação, meu amigo Jacob me disse que havia percebido algo que o aterrorizava: a distância entre sua má decisão e a dor do impacto dela é zero. Não há atraso. Com uma decisão aparentemente casual, ele pode prejudicar toda a organização. Eu respondi que isso é ótimo! Agora ele recebe feedback sobre o impacto de suas más decisões a cada sprint. Com o Scrum, você sempre pode mudar de ideia.

## A primeira função de um líder é liderar

Os líderes precisam ter uma visão convincente, uma direção persuasiva, um caminho a seguir rumo ao desconhecido e devem comunicar isso a suas equipes. É imprescindível que seu pessoal esteja empolgado com o que está fazendo, seja mudando o mundo, entregando um produto melhor de uma nova maneira que transformará o mercado ou simplesmente colocando suas grandes ideias em prática mais rápido que nunca.

No entanto, tenha cuidado para não se apaixonar demais por sua bela e atraente visão do que os clientes desejam. Na maioria das vezes você estará errado. Em geral, supõe-se que, quando uma inovação fracassa, é porque as especificações originais estavam erradas e as equipes não foram capazes de se adaptar. Sabemos que as especificações originais estão erradas em dois terços das vezes. É provável que sua visão convincente esteja equivocada com a mesma frequência.

Você precisa criar um ambiente que incentive as pessoas a ser criativas, assumir riscos e executar com rapidez. E é importante ter um ciclo de feedback curto para que saiba se vale a pena concretizar sua visão, seu produto, seu serviço ou sua ideia. Uma empresa de videogame multibilionária que conheço, com 2 mil funcionários em seus quadros, faz isso sem piedade. Se alguém tiver uma ideia para um novo jogo, deve colocá-la no backlog de uma das equipes como sua principal prioridade. Em um mês, eles criam um produto mínimo viável do jogo, lançam no mercado, avaliam a reação dos consumidores e o possível crescimento e decidem matá-lo ou investir mais tempo para melhorá-lo. Matar um jogo – decidir o que *não* fazer, descobrir que a visão estava errada – é visto como algo extremamente valioso.

Os incentivos devem ser configurados de uma maneira que muitas vezes não condiz com o modo como um organograma funciona. Em uma organização tradicional, as recompensas são criadas para incentivar a divisão e os interesses próprios. Em vez disso, você precisa recompensar os comportamentos desejados e simplesmente não tolerar os indesejados. Tenha um conjunto de valores que você incorpora, incentiva e celebra.

## Uma infeliz peculiaridade da psique humana

Todo mundo mente. Mas nem todos mentem o tempo todo. Há pesquisas fascinantes que mostram que a maioria dos adultos não conta tantas mentiras assim. O que se costuma ouvir é que, em média, as pessoas contam uma a duas mentiras por dia. Cerca de 60% das pessoas não relatam ter contado mentiras em qualquer período específico de 24 horas.

Mas isso é para um dia comum. Em certas situações, quase todos mentimos. Um estudo mostrou que, em entrevistas de emprego, 90% das pessoas mentem. Pode não ser uma mentira direta – talvez apenas uma omissão aqui e ali –, mas há uma tentativa consciente de enganar. Entre os adolescentes, 82% afirmam ter mentido para seus pais em pelo menos um destes seis tópicos: dinheiro, álcool e drogas, amigos, namoro, festas e sexo.

O interessante da mentira é que o próprio ato de mentir nos transforma. Nossa neuroquímica muda toda vez que enganamos alguém. Alguns cientistas da Universidade Duke e da University College London resolveram descobrir o que acontece dentro do cérebro quando mentimos. Colocaram voluntários em um aparelho de ressonância magnética e os fizeram participar de um jogo em que mentiam para o parceiro. Na primeira vez que eles contavam uma mentira, nossa velha amiga, a amígdala, manifestava-se. Liberava substâncias químicas que dão uma sensação de medo bem familiar, aquele sentimento de culpa que temos quando mentimos.

Mas então os pesquisadores deram um passo adiante. Recompensaram as pessoas por mentir. Deram-lhes uma pequena recompensa em dinheiro por enganar seu parceiro sem que ele descobrisse. Quando os participantes passaram a ser recompensados por mentir e não serem pegos, o sentimento de culpa causado pela amígdala começou a desaparecer. O curioso é que a sensação desapareceu mais acentuadamente quando a mentira prejudicaria outra pessoa mas beneficiaria o participante que a contara. Então as pessoas começaram a contar mentiras cada vez mais estranhas – a velha história de "ir ladeira abaixo".

Os pesquisadores resumiram suas descobertas em um artigo chamado "O cérebro se adapta à desonestidade" e concluíram:

Os resultados mostram os possíveis riscos do engajamento regular em pequenos atos de desonestidade, perigos que são frequentemente observados em domínios que variam dos negócios à política, passando pelo policiamento. Esses insights podem ter implicações para legisladores na concepção de impedimentos para evitar a mentira. Apesar de pequeno no início, o engajamento em atos desonestos pode desencadear um processo que leva a atos de desonestidade maiores no futuro.[2]

É a história clássica de como a tentação nos seduz e nos faz reféns, dessa vez escrita em termos de química cerebral. Uma pessoa honesta se transforma dia após dia em alguém fundamentalmente desonesto pela alteração de sua mente.

Essa é uma parte bastante deprimente da natureza humana, mas também é maravilhosa, porque é muito fácil mudá-la. E não se faz isso recompensando a mentira, mas premiando outros comportamentos. Destacamos isso nos cinco valores do Scrum. E, se você quer ser um líder, precisa garantir que esses comportamentos sejam recompensados, não a mentira.

## Os valores do Scrum

Ao longo dos anos de desenvolvimento do Scrum, ficou claro que uma organização aberta, transparente e eficaz exige certos valores. Existem cinco deles e, assim como os elementos individuais da estrutura em si, todos se entrelaçam e se apoiam uns nos outros. De certa forma, são a força vital do Scrum; todas as outras peças, os eventos e artefatos, ficam vazios sem eles.

Quando se entra em uma empresa, é possível sentir se aquele é um bom lugar para trabalhar. Há uma energia, uma sensação de que as pessoas querem estar ali. Todos esses valores precisam estar em vigor para se criar uma ótima empresa que seja um espaço divertido e dedicado a fazer grandes coisas acontecerem.

## Comprometimento

Cada pessoa em uma equipe Scrum precisa se comprometer – com as outras, com a mudança que estão tentando realizar, com o trabalho que todos disseram que concluirão a cada sprint, com a produção de valor. Isso não significa simplesmente dizer: "Vamos tentar fazer isso, vamos tentar concluir o trabalho, vamos tentar fazer o Scrum." É afirmar: "Faremos o nosso melhor para sermos bem-sucedidos."

Mudar é difícil e, sem empenho, fica impossível. Mas o comprometimento das pessoas em fazer uma mudança real em sua vida é o primeiro passo. Elas precisam se comprometer a procurar constantemente ser melhores – pessoas melhores, equipes melhores e empresas melhores e mais bem-sucedidas, tanto para seus clientes quanto para quem trabalha lá.

Um dos motivadores mais fortes da psique humana é realizar bem um trabalho valioso. As pessoas se sentem completas quando estão criando algo de valor. No Scrum, o compromisso de tentar fazer isso o tempo todo é fundamental. Sem ele nada mais importa.

Dizem que pedir comprometimento é exigir demais. Então eles prometem tentar. Mas tentar sem comprometimento com uma meta significa que você com certeza não alcançará a grandeza.

O comprometimento um com o outro para realizar o trabalho é algo palpável no Riccardo's. Uma das grandes mudanças que eles fizeram, mesmo quando expandiram e se transformaram em uma rede de restaurantes, é que todos concordam que estão trabalhando juntos para servir o cliente. "Estabelecemos que todos os membros da equipe precisam deixar em segundo plano o que estiverem fazendo quando o restaurante fica cheio", diz Riccardo. Joe pode estar trabalhando no departamento de marketing durante o dia, mas, se o pessoal do salão ligar e disser que o restaurante ficará muito cheio, ele larga o que estiver fazendo e sobe as escadas para lavar pratos ou limpar as mesas. Isso não acontece todo dia, mas, quando acontece, os garçons, os cozinheiros e os atendentes sabem que o restante da equipe está com eles. Todos se comprometeram com isso.

O ideal é que fosse assim sempre. Mas isso requer foco.

## *Foco*

Depois que a equipe se compromete com o trabalho que decide realizar em cada sprint, precisa se concentrar em de fato executar esse trabalho. Na vida, pessoas e acontecimentos acabam atrapalhando nosso foco o tempo todo. O chefe talvez peça para que faça algo; um amigo da equipe de vendas só precisa de uma ajudinha. E nossa reação costuma ser: *Ah, isso não vai demorar tanto assim. Farei apenas uma coisa, mesmo que não esteja em nosso backlog do sprint.*

Esse é o caminho para não concluir nada. O objetivo do Scrum é o dobro do trabalho na metade do tempo. Só que é impossível conseguir isso sem foco extremo. No Scrum, você está comprometido em entregar valor em um período muito curto, entre uma e duas semanas. É necessário estar focado para chegar lá.

A equipe precisa se concentrar no trabalho que está realizando e nos resultados que deseja alcançar. Os membros devem focar em melhorar continuamente. O resto é apenas distração. Todos nós tivemos momentos em nossas vidas quando chegamos a um ponto ótimo, de eficiência total, com a tarefa fluindo sem esforço, e trabalhamos em perfeita sincronia com nossa equipe à medida que criamos. Todos já experimentamos isso e chegamos a desejar que fosse assim o tempo todo. Mas requer foco.

Isso me faz lembrar de um romancista muito bom e prolífico. Todo dia, de segunda a sexta-feira, ele se levanta, vai para seu escritório em casa, fecha a porta e começa a escrever às 8 horas em ponto. Mantém-se intensamente focado por quatro horas. Então para. "Alguns dias a musa aparece", conta ele. "Em outros, não. Mas, se eu não estivesse sentado ali focado no trabalho que estou tentando concretizar, ela nunca teria essa oportunidade."

## *Transparência*

Um dos pilares do Scrum é a transparência. As reuniões são abertas. Os backlogs ficam visíveis para que todos entendam para onde vão e como chegarão lá. Todo mundo sabe tudo que está acontecendo. E todos precisam ser ouvidos. Só então poderão realmente entender quando o trabalho estará feito.

Tradicionalmente, as pessoas quase nunca sabem quando vão finalizar um projeto. Claro, elas têm datas e promessas, que quase sempre estão erradas e atrasadas. Na Microsoft, na década de 1990, eles chegaram ao ponto de dizer: "Achamos que ficará pronto quando ficar pronto." Em muitas empresas que visito, os projetos são rotulados com cores verdes, amarelas ou vermelhas. Durante meses, todos os projetos são verdes – até algumas semanas antes do prazo final, quando de repente se tornam vermelhos. E todo mundo fica surpreso, mesmo que isso aconteça o tempo inteiro. Em todas as aulas que dou, pergunto sobre isso. Sem exceção, as pessoas dão uma risada sofrida ao reconhecerem uma história que vivem com frequência. E elas não têm uma boa resposta se pergunto por que continuam fazendo isso. Quando digo que isso é loucura, concordam. Mas seguem repetindo esse padrão de qualquer maneira, escondendo a verdade, porque é o que foram condicionadas a fazer.

Abertura e transparência são fundamentais para superar essa incerteza. Ao tornar visível o trabalho, assim como o status do trabalho a cada momento, podemos começar a planejar com base em dados, não em opiniões.

No mundo de hoje, grande parte de nosso trabalho é invisível. São ideias, códigos, designs, reflexões sobre problemas difíceis. É preciso tornar o invisível visível. Que trabalho está sendo feito? Quem o está realizando?

No Riccardo's, isso teve um impacto imediato nos resultados. Talvez você não saiba se nunca trabalhou num restaurante, mas a pior tarefa que existe é agendar os turnos. Leva horas. *Quem pode trabalhar em que turno?* Você telefona para as pessoas para ver se estão disponíveis e arranca os cabelos quando consegue funcionários para todas as funções com exceção de uma. É enlouquecedor.

O Riccardo's fica aberto sete dias por semana, 350 dias por ano. Eles servem almoço e jantar. Como se pode imaginar, o agendamento das equipes sempre foi uma tarefa hercúlea. Para facilitar, o que Riccardo fez foi simplesmente colocar um enorme quadro na parede, listando todos os turnos e o pessoal necessário. Ele então pediu que todos os membros da equipe pegassem a quantidade de post-its que refletia o número de turnos em que trabalhariam e montassem o cronograma. Logo na primeira vez, demorou cerca de uma hora para preencher todos os turnos do mês.

"Porém, quando terminamos, restavam muitos post-its", observa Riccardo diante do quadro. "O que percebemos foi que os gerentes estavam distribuindo para a equipe turnos de que a empresa não precisava, e ninguém sabia disso." A gerência estava dando turnos extras para deixar os funcionários felizes em vez de seguir estritamente o que era necessário para o restaurante. Isso reduzia o lucro em 10% a 20%. E os restaurantes já lidam com margens de lucro bastante baixas.

Quando levou esse problema às equipes, Riccardo não estava com raiva. Não disse a elas o que fazer. Ele tornou a questão transparente e informou que teriam que resolvê-la.

"Em duas semanas, eles conseguiram solucionar o problema e pôr tudo em ordem. Tínhamos a quantidade certa de pessoas trabalhando e isso aconteceu sem nenhuma interferência minha." Ele diz que as equipes perceberam logo que, por serem donas de parte da empresa, haveria mais lucro para compartilhar se as despesas diminuíssem. "Elas foram capazes de se autorregular e autopoliciar seus padrões de turno, fazendo com que o sistema funcionasse. Além disso, todos ficaram muito mais felizes."

Taiichi Ohno, o criador do Sistema Toyota de Produção, tem uma frase famosa: "Não ter problemas é o pior problema de todos." Sempre há dificuldades. Estamos cercados delas. Se você não sabe quais são seus problemas, é impossível corrigi-los.

Isso bate de frente com a cultura de muitas organizações. Em geral, os funcionários são punidos pela própria existência de problemas, não importa qual seja a fonte deles. Como reação, eles os escondem. Não admitem que existem. Fingem que não estão lá. O pior é que esse padrão fica tão arraigado que as pessoas deixam de atentar para a questão. No Scrum, é preciso ser transparente sobre os problemas, a ponto de celebrar quando são revelados. Como Heather Timm, uma das Product Owners da Scrum Inc., diz à sua equipe: "Às vezes você precisa mergulhar nos destroços para chegar ao tesouro. O problema sempre existiu, só não estava visível. Pode ser difícil, mas as joias estão embaixo do navio afundado."

É fácil executar o Scrum sem esse tipo de transparência. Você pode reunir uma equipe em uma sala para o Scrum diário e, se tudo que disserem for "Fiz isso ontem", "Estou fazendo isso hoje", "Nenhum problema", o evento pode terminar em 30 segundos. Ou menos, se sua equipe tiver o tamanho certo, de quatro ou cinco integrantes. Não permita que isso aconteça. Em uma empresa que faz o Scrum corretamente, você ouvirá muitos problemas. Às vezes as pessoas discutirão. Haverá tensão à medida que lutarem com problemas reais.

Pode ser difícil ter segurança psicológica para falar sobre problemas. Como líder, você deve criar uma cultura que recompense isso. Caso contrário, as pessoas continuarão mentindo para você.

## *Respeito*

Para criar o ambiente em que haja a transparência necessária para a conclusão do trabalho, as pessoas precisam respeitar e ser respeitadas. Para que se abram e admitam que as coisas não estão indo bem, devem saber que não serão punidas por isso.

Nas empresas em que há a cultura de culpa – "Você fez isso", "Você fracassou naquilo" –, os indivíduos não são respeitados. Como consequência, todo mundo está sempre tentando encobrir os erros, esconder-se da punição, mentir. Mas, se quer obter transparência, você precisa respeitar a pessoa pelo que ela agrega, principalmente se ela estiver trazendo à tona um problema. Trabalhe no problema e não culpe o mensageiro.

Riccardo diz que há pouco tempo enfrentou esse problema no restaurante. Eles contrataram um funcionário novo que estava demonstrando um desempenho insatisfatório e, por isso, a equipe decidiu dar-lhe os piores turnos. A ideia por trás dessa estratégia é tornar a vida da pessoa tão difícil que ela acabará por desistir.

Então ele perguntou à equipe se o funcionário tinha recebido feedback adequado. Eles tinham conversado com essa pessoa e tentado salvá-la em vez de tratá-la como se não importasse? Riccardo diz que, no passado, talvez tivesse jogado a toalha e dito que não tinha condições de lidar com isso. Mas "o Scrum permite diagnosticar o modo de corrigir a questão. Agora, simplesmente falo: 'Resolver esse problema é o item número um do backlog. Resolvam!'".

Riccardo me contou como eliminou o medo de errar. Ele diz aos membros da equipe: "Se você tomar uma decisão e implementá-la, diga-nos o que fez e debateremos como se saiu." Segundo ele, "até agora não houve um erro dispendioso. Os clientes estão muito mais satisfeitos. Eles percebem que as equipes estão mais felizes, mesmo quando estão estressados e sob muita pressão".

Dê às pessoas a liberdade de saber que não serão culpadas. Que você tem respeito por elas, por suas ideias e por suas decisões.

### *Coragem*

Ser aberto, expor seus problemas para a equipe, ser transparente – isso requer a capacidade de correr riscos. Toda mudança é arriscada. À medida que vemos mais e mais empresas se transformarem de uma estrutura tradicional em uma estrutura Ágil, observamos que os gerentes ficam receosos. Muitos não têm coragem de fazer essa transição porque seus empregos mudarão; o futuro será diferente.

Nenhum dos outros valores importa sem coragem. Não é possível ser comprometido, focado, transparente e respeitoso se não houver coragem de enfrentar o lado negativo. Mudar é difícil, é perturbador. Pode fazer com que crenças de longa data sejam vistas sob um prisma incrivelmente novo – e às vezes não muito gentil. Mas, com a coragem de mudar, a liderança pode remodelar sua empresa para enfrentar um mundo moderno, em mudança e às vezes assustador.

Eis a parte maravilhosa do Scrum que muita gente não valoriza: você tem uma rede de segurança. Nunca investe ou se compromete com mais do que o trabalho de um sprint. Você não diz que o futuro será daquele jeito. Não afirma que é assim que 1 bilhão de dólares serão gastos. Você se compromete a tentar por um tempo para ver se funciona. Se não funcionar, pode tentar outra abordagem. Quando percebem isso, as pessoas se livram de um enorme peso sobre seus ombros. Com o Scrum, todos veem rapidamente o que não dá certo. Em vez de desperdiçar 1 bilhão de dólares, percebem mais cedo as falhas em suas suposições.

## Valorize os valores

Onde o Scrum não funciona bem, não vemos esses valores na prática. E se você deseja realizar o dobro do trabalho na metade do tempo, se deseja obter os potenciais benefícios, precisa adotar todos eles.

Uma forma de garantir que esteja pensando nos valores é usá-los em sua retrospectiva do sprint. Escreva os cinco valores na parte superior de um quadro branco e mais ou menos no meio do quadro desenhe uma linha horizontal. Peça à equipe que cole post-its sobre as coisas que aconteceram no sprint em relação a cada valor: positivo fica acima da linha; negativo, abaixo. Costumamos recomendar essa abordagem para novas equipes e, em geral, vemos que os padrões emergem rapidamente: as equipes logo identificam os valores em que precisam trabalhar mais.

## Burocracia mínima viável

Depois que os gerentes forem transformados em líderes, eles precisam criar um ambiente que assegure a presença dos valores do Scrum. É nesse ponto que você derruba a burocracia que atrasa as coisas e frustra todos. Mas qual estrutura você deve ter? Por onde começar?

Se você trabalha em uma organização tradicional, imagino que seja mais ou menos assim: existem unidades operacionais (ou talvez regiões), funções ou linhas de negócio. E, quando querem algo, elas pedem ao departamento de gerenciamento de projetos (PMO, na sigla em inglês), que se reporta à área de negócios. Esse departamento solicita coisas de um PMO de TI, de pesquisa e desenvolvimento ou de qualquer área. E dentro desses PMOs há um monte de equipes especializadas que se concentram apenas em uma parte do produto. Existem camadas e mais camadas de estrutura e linhas de quem se reporta a quem.

É um desperdício enorme, mas quero focar agora é na própria estrutura. Toda a história de um se reportar a outro e transferir o trabalho ao longo da cadeia é pura perda de tempo e esforço. Só atrasa as coisas. Na maioria das vezes, de fato é preciso ter alguma hierarquia, porque senão tudo vira um caos, mas o ideal é que a hierarquia seja reduzida o máximo possível – até chegar à burocracia mínima viável.

Para conseguir isso, a liderança precisa primeiro criar algum tipo de "equipe de ação executiva" encarregada de mudar a organização. Costumo dizer aos clientes que essa equipe deve ser capaz de transformar a empresa sem pedir permissão. Portanto, você precisará de gente do jurídico, RH, negócios, tecnologia, quem quer que seja, mas as pessoas que você deve escolher para essa equipe são aquelas cujas decisões serão mantidas. E é esse grupo que tem que decidir por onde começar.

Em geral, eles começam com um projeto ou produto em que as equipes controlam todo o fluxo de valor, da ideia à execução. Isso pode envolver apenas algumas ou muitas equipes, mas o ideal é que o grupo seja capaz de fazer uma entrega independente a um cliente.

Deixe-me dar um exemplo de um de meus associados, Fabian Schwartz, que atua em toda a América Latina. A Drummond Company, da Colômbia, queria acelerar a perfuração de poços de gás. O problema não era a perfuração em si, mas a comunicação inadequada e a falta de colaboração. As informações ou os documentos corretos não estavam sendo repassados, ou então as decisões não eram tomadas no momento certo. A empresa perdia muito tempo.

Então contrataram Fabian. Ele decidiu não tocar nas operações de perfuração em si, já que a tecnologia é bastante avançada e eles não estavam planejando inventar novos métodos, o que seria muito caro. Mas Fabian pensou: em qualquer projeto, em que ponto é mais fácil mudar alguma coisa? É no começo, quando a incerteza é alta e o custo da mudança é baixo.

Ele reuniu a liderança sênior e a transformou em uma equipe Scrum, unindo as áreas jurídica, ambiental, comercial e o pessoal de campo. O vice-presidente local era o Product Owner. A perfuração de um poço tinha um backlog que envolvia exploração, aquisição, questões legais, plano de desenvolvimento, licenças – todos os inúmeros passos que precisavam ser dados antes que um buraco pudesse ser cavado.

Essa equipe de ação executiva se reunia todos os dias por 15 minutos. Eles realizavam todos os eventos do Scrum: planejavam, revisavam, faziam a retrospectiva, organizavam videoconferências com as equipes remotas. E chegaram a um resultado bem interessante: questões que antes levavam semanas para serem resolvidas agora levavam horas. Todo o grupo focou em entregar um poço em funcionamento em vez de cada pessoa se concentrar em sua peça do quebra-cabeça. A motivação e a transparência aumentaram – simplesmente porque os membros da equipe passaram a conversar e a lutar juntos contra problemas difíceis.

Antes, o tempo médio de perfuração era de 19 dias; o mais rápido da história tinha sido de 10 dias. Após o Scrum, o poço padrão passou a demandar seis dias. A média agora é três vezes mais rápida. Eles não substituíram nenhuma tecnologia nem nenhum funcionário: mudaram apenas a forma como estavam trabalhando.

Graças ao projeto bem-sucedido, agora o Scrum será implementado em outras equipes operacionais.

Como líder, você precisa o tempo todo reexaminar sua organização e fazer alterações incrementais para chegar aonde deseja. Para isso, deve ser capaz de eliminar o que chamamos de dívida organizacional – as regras, os feudos e as estruturas que o atrasam. A liderança tem que focar nisso todos os dias.

Também é preciso criar um mecanismo para fazer com que os impedimentos identificados pelas equipes cheguem ao grupo de ação executiva e sejam tratados imediatamente. Todo dia, os Scrum Masters de toda a organização devem canalizar impedimentos que as equipes não são capazes de resolver, e depressa. Assim como as equipes individuais têm uma reunião diária de 15 minutos, eles devem enviar um representante para a reunião geral, o Scrum diário escalonado, por 15 minutos. Se você fizer isso corretamente, poderá coordenar alguns milhares de pessoas em cerca de uma hora.

Deixe-me dar um exemplo rápido. Mencionei no Capítulo 1 como a Saab está construindo um caça do zero, o Gripen E. É assim que eles fazem o Scrum diário escalonado: às 7h30, todos os dias, cada equipe tem sua reunião. Às 7h45, os Scrum Masters dessas equipes vão para o Scrum diário escalonado com os impedimentos e as dependências que não podem ser resolvidos pelas próprias equipes. Às 8h, um representante de cada reunião dessas vai para outro nível de escala com os problemas que eles não conseguiram resolver. Às 8h15, há mais outro encontro escalonado. Às 8h30, a equipe de ação executiva, a liderança de todo o projeto, recebe as questões que só eles podem solucionar. A missão deles é resolvê-las em 24 horas. Eles coordenam cerca de

2 mil pessoas em menos de uma hora. E a liderança vê isso como um controle de custos fundamental. Seu trabalho é lançar o avião o mais rápido possível, e tudo que desacelera as equipes, atrapalhando seu fluxo, é custo.

Mas talvez você não precise de cinco camadas. Talvez bastem duas para algumas áreas, uma para outra coisa. O ideal é coordenar somente o que é totalmente necessário. Hierarquia e estrutura só onde for preciso. Como líder, você deseja obter feedback rápido da base da organização. Isso lhe dará a capacidade de mudar de curso e modificar as coisas depressa. A velocidade é um multiplicador de forças.

## Inovando o modo de fazer as coisas

Velocidade importa... em qualquer área.

Existe um hospital em que os cuidados oferecidos e os resultados obtidos são inigualáveis. Ele tem, inclusive, vencedores do Nobel na equipe.

A quantidade de procedimentos realizados em cada uma de suas dezenas de salas de cirurgia determina o número de pessoas atendidas. Uma pergunta fundamental para um hospital é: quanto tempo leva para limpar e preparar uma sala de cirurgia? (E isso significa realmente higienizar todo o ambiente, inclusive as luzes, o chão e as paredes.) O tempo desde que um paciente é retirado da sala até que outro entra é de cerca de uma hora, e tem sido assim há décadas.

Então o hospital nos chamou para ver se poderíamos nos unir a Alexa, seu guru de melhoria de processos, e ajudar.

Kevin Ball, da Scrum Inc., é ex-fuzileiro naval, fã de jazz e alguém que destrói processos para produzir resultados. Ele olhou para aquela hora como um desafio.

Mas essa não é uma tarefa fácil. Pense nisto: não se trata apenas de esterilizar a sala; é preciso haver coordenação com a equipe médica que virá a seguir – cirurgião, anestesista e enfermeiros – para que os instrumentos cirúrgicos corretos sejam postos no lugar certo.

Kevin passou o primeiro dia observando o processo. "Trabalhamos apenas com o pessoal da limpeza no início", conta. Então, no segundo dia, ele perguntou aos membros da equipe: "O que vocês podem fazer para melhorar o processo?"

A princípio, eles relutaram em responder. Mas então as ideias começaram a surgir. Cada membro da equipe de limpeza estava realizando apenas uma tarefa. E logo perceberam que, caso se unissem para atacar uma mesma tarefa, tudo ficaria pronto mais rápido. Se repetissem essa cooperação, o tempo total necessário para limpar a sala diminuiria significativamente. Eles tentaram esse experimento por dois dias e funcionou muitas vezes.

Kevin então expandiu seu trabalho para incluir os demais envolvidos na transição de cada sala de cirurgia e foram encontradas mais oportunidades de aumentar a eficiência. O resultado? O tempo entre um paciente e outro foi cortado pela metade, passando de uma hora para meia hora, às vezes menos. Tudo isso sem sacrificar a qualidade.

Eu poderia informar quanto dinheiro o hospital economizou ou quanto passou a ganhar a mais. Mas, para mim, isso não é muito importante. Em apenas duas semanas, Kevin tornou possível para esse hospital salvar mais vidas e tratar mais pessoas. Isso sem mudar a tecnologia nem acrescentar pessoal; apenas observando as pequenas coisas, o processo.

E se recusando a acreditar que ele não poderia ser melhorado.

## Com grandes poderes vêm grandes responsabilidades

Como líder, você deve não só apoiar suas equipes, remover os impedimentos e mantê-las felizes, mas também responsabilizá-las pelo próprio trabalho.

Em uma avaliação de desempenho anual padrão, com seus 50 quesitos classificados em uma escala de 1 a 5, apenas 10% do seu pessoal poderá ser classificado com o desempenho de mais alto nível, porque é claro que as pessoas caem perfeitamente na curva de sino... Só que não é assim que acontece. Ora, parece que a única função dessas avaliações é desmotivar os funcionários. Então como esse processo é realizado no Scrum?

Kim Antelo, da Scrum Inc., criou um modelo de avaliação de desempenho para uma grande empresa do setor de petróleo e a utilizamos desde então. São poucas perguntas a fazer, e os dados são bem fáceis de encontrar.

**SCRUM MASTERS**
- Eles estão realmente fazendo Scrum – três papéis, cinco eventos, três artefatos, cinco valores?
- Existe um acordo de trabalho em equipe? A equipe documentou suas normas e seus comportamentos?
- A velocidade está sendo medida? Está aumentando em pelo menos 10% a cada trimestre?
- A felicidade da equipe está sendo medida como um dos principais indicadores?
- Eles estão melhorando o Scrum na empresa para além da própria equipe?
- Estão aprendendo continuamente?

**PRODUCT OWNERS**
- A aceleração da equipe está gerando mais valor? Em outras palavras, estão gerando mais lucro com a mesma quantidade de trabalho porque as coisas certas estão sendo feitas e entregues aos clientes no tempo adequado?
- Eles estão cumprindo os principais critérios de sucesso para seu produto ou serviço?

- Eliminam rapidamente produtos que não atendem aos critérios de sucesso com rapidez suficiente? (Essa última parte é incrivelmente importante. Muitos projetos se prolongam como zumbis, alimentando-se de pessoas e dinheiro por anos, porque ninguém quer admitir que foram ideias ruins.)

## MEMBROS DA EQUIPE
- Eles estão construindo a coisa certa? A qualidade está aumentando?
- Estão se tornando hábeis em mais de uma coisa, aventurando-se para além de sua especialidade limitada?
- Estão ensinando sua expertise a outros membros da equipe?

## LÍDERES
- Eles estão proporcionando uma visão clara?
- Estão desenvolvendo pessoas e carreiras?
- As pessoas que se reportam a eles estão felizes e animadas?
- Suas equipes estão organizadas da melhor maneira possível para agregar valor?
- Suas equipes têm todas as habilidades e ferramentas necessárias?
- Eles estão responsabilizando seus Product Owners e Scrum Masters?

O Scrum oferece grande liberdade de ação às pessoas. Elas decidem como e quanto trabalhar. Espera-se que se autogerenciem e se organizem. Isso é ótimo. Mas o principal é a entrega. Elas estão gerando impacto?

O ideal é que haja vários caminhos para a liderança. Não se trata do número de pessoas que alguém gerencia, mas do impacto dos resultados que está produzindo. Você quer que as pessoas possam crescer em sua organização e sejam respeitadas como colaboradores individuais capazes de influenciar resultados que afetam os negócios. Precisa oferecer rotas claras para o sucesso, focadas em resultados, na satisfação do cliente, em ótimos produtos e em ideias fantásticas, não um caminho para um cargo intermediário de gerência.

Falando nisso...

## A resistência insurgente

É muito fácil convencer as equipes a adotar o Scrum. Ele melhora suas vidas. Elas conseguem se divertir mais. Muitos obstáculos absurdos são removidos. As equipes podem realizar trabalhos grandiosos e têm a chance de executar as coisas maravilhosas que as levaram a trabalhar na área quando começaram a carreira.

A liderança sênior também costuma ser bastante fácil de ser convencida. *O dobro do trabalho na metade do tempo? Estou dentro. Pessoas mais felizes, lançamentos mais rápidos, proteção contra obsolescência no mercado? Vamos nessa.*

Os gerentes intermediários, no entanto... podem ser difíceis. Eles representam um desafio persistente em qualquer empresa que está tentando se transformar. Existem algumas razões para isso, e você precisa estar ciente delas e abordá-las rapidamente ou os gerentes de nível intermediário impedirão por completo qualquer esforço de mudança.

Por um lado, eles podem se sentir ameaçados: *Esse Scrum pode expor alguns problemas que existem há muito tempo. Talvez eu os tenha causado. Não sei se gosto dessa história de transparência.*

Ou pode ser: *Do jeito que as coisas estão agora, consigo ver no horizonte meu bônus e minha promoção. E se eu não for bom no Scrum? Meu emprego estará em risco?*

De certa forma, eles estão certos. Seus papéis sem dúvida estão em risco. Você simplesmente precisará de menos gerentes intermediários. Isso não significa que você demitirá todos, mas precisará pensar em como eles podem trabalhar para agregar valor em vez de gerenciar pessoas.

E eles vão sabotar você com um descumprimento passivo-agressivo das regras. Em público, apoiarão as mudanças, mas nos bastidores espalharão veneno. Isso pode acontecer mesmo nos níveis mais altos de uma organização. As pessoas não podem liderar se não acreditarem na mudança. E, se não acreditarem nela, vão esperar: *Ah, daqui a pouco eles não estarão mais olhando para mim. Isso deve passar. Vou manter minha cabeça baixa e fingir que estou mudando. Vou sobreviver.*

Não tolere isso nem por um segundo. Você precisa ter gente disposta a realizar uma mudança séria no modo como trabalha. Quando os clientes me perguntam sobre funcionários que simplesmente são resistentes e não querem mudar, eu respondo que existem regras no trabalho e algumas delas não são opcionais. E vale a pena colocar toda a sua empresa em risco por causa do desconforto de uma pessoa? Porque essa é a escolha que você está fazendo.

## Mude sua cultura, mude seus limites

Acho incrível o fato de que, quando reformulamos uma estrutura, surge uma nova cultura. Organizações, famílias, pessoas – somos todos sistemas adaptativos complexos. Compreender cada componente individual não oferece uma compreensão do todo. A cultura emerge das interações entre as várias peças, e isso pode ser muito surpreendente – o estado final pode ser algo muito maior do que você é capaz de imaginar neste momento.

À medida que você se liberta dos modelos operacionais e estruturais rígidos que foram impostos artificialmente por um ou outro motivo, isso muda o que é capaz de fazer. Você não apenas conseguirá realizar o que deseja, mas também poderá fazer o que nem imaginava antes.

Lembre-se: a estrutura emergirá. Não pense que você pode obter o impacto que o Scrum de fato tem a oferecer apenas alterando vários nomes de cargos. Seria cometer o erro fundamental de pensar que se sabe a resposta de antemão, o que não é possível. A arquitetura organizacional correta surgirá à medida que você se esforçar para entregar mais valor com mais rapidez aos clientes. É isso que importa de verdade. Assim como na Adobe, no Rijksmuseum, na Apple, na Google ou na Amazon, você precisa se aproximar o suficiente do cliente para ver como deve se organizar para oferecer a melhor experiência, o melhor serviço ou produto possível.

Riccardo deu início a dois novos projetos: restaurantes administrados exclusivamente através do Scrum. "Tudo será Scrum. O processo de construção e arquitetura, o de recrutamento, tudo." Fala animadamente sobre sprints semanais para o salão e a cozinha. O chef será o Product Owner. O Scrum Master será a pessoa na porta, verificando se há impedimentos: os telefones e computadores estão funcionando? As entregas chegaram? O que poderia desacelerar a equipe hoje?

Sem o Scrum, Riccardo teria desistido. Agora ele já consegue enxergar como escalonar. O céu voltou a clarear.

À medida que uma organização se torna Ágil, ciclos de feedback rápidos alimentam as decisões com informações e todo o ambiente se torna vivo. Somos capazes de muita coisa, mas nos contemos. Ficamos tão acostumados à nossa maneira atual de pensar, ao nosso modo de agir, à nossa forma de nos comunicarmos uns com os outros, que nos fechamos para o resto. Mas, dando passos concretos e incrementais, pouco a pouco, semana a semana, podemos transformar a nós mesmos e nossas organizações em algo extraordinário.

# RESUMO

***Estrutura é cultura.*** E sua cultura define seus limites. Uma estrutura rígida gera uma arquitetura cultural e de produtos rígida, o que torna as mudanças muito mais difíceis. Isso é verdade no nível da equipe, mas é ainda mais verdadeiro e mais importante no nível organizacional.

***A gerência deve se tornar liderança.*** Os líderes precisam ter uma visão convincente, uma direção persuasiva, um caminho a seguir, e devem comunicar isso às equipes. Eles precisam que seu pessoal esteja animado com o trabalho. Pode ser mudar o mundo, oferecer um produto melhor de uma nova maneira que revolucionará o mercado ou simplesmente concretizar suas grandes ideias mais rápido do que seria possível antes.

***Valorize a transparência.*** No mundo de hoje, grande parte do nosso trabalho é invisível. São ideias, códigos, designs, reflexões sobre problemas difíceis. Você precisa tornar visível o invisível. Que trabalho está sendo feito? Quem o está realizando? Abertura e transparência são fundamentais para superar a incerteza. Ao tornar visível o trabalho, assim como o status do trabalho em todos os momentos, podemos começar a planejar com base em dados, não em opiniões.

***Seja corajoso.*** Você não pode ser comprometido, focado, transparente e respeitoso se não tiver coragem de enfrentar o lado negativo. Mudar é difícil. Mas, com coragem, a liderança pode remodelar por completo sua empresa para enfrentar um mundo moderno, em contínua mudança e às vezes assustador.

## BACKLOG

- Como você descreveria a estrutura da sua organização? Identifique como ela está afetando positiva ou negativamente os produtos que você desenvolve ou os serviços que oferece. Como você mudaria essa estrutura organizacional para melhor?
- Você é gerente ou líder? Pense bem sobre isso. Você impõe ou confere poder? Você força o cumprimento das ordens ou compartilha sua visão? Você toma decisões ou as melhora?
- Liste três itens de dívida organizacional em seu local de trabalho. Agora descubra como removê-los.
- Use os valores do Scrum em seu trabalho diário. Incentive outras pessoas a fazer isso. Que efeito eles têm?

CAPÍTULO 7
# Fazendo do jeito certo

Às vezes, escolher as palavras certas para descrever um problema já é difícil, que dirá oferecer uma solução. Christopher Alexander é um arquiteto austríaco muito influente que enfrentou essa questão ao tentar falar sobre por que algo funciona em um determinado espaço físico. De vez em quando, um lugar simplesmente *faz sentido*. Pode ser um quarto, uma esquina, um local de trabalho. Ele queria uma linguagem para descrever o que é possível fazer no design para criar o que chamava de "qualidade que não tem nome".

Suas teorias sobre o design redefiniram a forma como comunidades, edifícios e sistemas são construídos. No início da década de 1970, Alexander tentou estabelecer soluções comuns para problemas comuns, que sempre funcionariam em contextos variados. Queria que as pessoas pudessem falar sobre eles de forma clara e sucinta. Em 1977, publicou o livro *Uma linguagem de padrões*, em que listou centenas desses padrões, o suficiente para criar uma linguagem.

Cada padrão descreve um problema que ocorre repetidas vezes em nosso ambiente e, em seguida, descreve o núcleo da solução para esse problema, de forma que você pode usar essa solução um milhão de vezes sem nunca fazê-lo da mesma maneira.

Deixe-me dar um exemplo do livro de Alexander:

Padrão 150: Um lugar para esperar

O processo de espera possui um conflito inerente.

[...]

Em locais onde as pessoas acabam esperando (um ônibus, uma consulta, um avião), crie uma situação que torne a espera positiva. Combine a espera com alguma outra atividade – jornal, café, mesas de sinuca, jogos –, algo que atraia pessoas que não estão simplesmente esperando. E também o oposto: crie um lugar que possa levar uma pessoa esperando a um devaneio, à quietude, a um silêncio positivo.

O padrão "Um lugar para esperar" é vinculado a outros padrões, como "Vitrines", "Cafeterias" e "Conexões no escritório". Todo padrão leva a outro padrão, criando uma sintaxe de soluções. Como meu pai, Jeff Sutherland, disse:

Uma linguagem de padrões é uma tentativa de expressar uma sabedoria mais profunda por meio de um conjunto de expressões interconectadas decorrentes do conhecimento contextual. Vai além de uma lista de processos, buscando atividades ou qualidades que se repetem em muitos deles, em um esforço para descobrir o que funciona. É um todo interconectado que, quando aplicado de forma coerente, cria "a qualidade que não tem nome". A combinação de múltiplos padrões cria um todo maior que a soma dos padrões individuais.[1]

## Equipes que terminam antes do prazo aceleram mais rapidamente

Há alguns anos, alguns funcionários da OpenView Venture Partners chegaram à Scrum Inc. com um dilema. Eles pensavam que o Scrum se resumia à velocidade: *Qual é a velocidade da equipe? Ela pode realizar mais a cada sprint?* Então eles deram a suas equipes backlog suficiente para que pudessem finalizá-lo em um sprint, embora sem dúvida fossem terminar só no último dia. Daí notaram algo. As equipes que fizeram isso mantiveram a mesma velocidade, realizaram a mesma quantidade de trabalho, mas não multiplicaram sua produtividade por quatro, como é o objetivo do Scrum. Outras equipes, as que terminaram seus sprints antes, ficaram cada vez mais rápidas. Em dado momento, eles perceberam que o Scrum não é sobre velocidade; é sobre aceleração.

Este foi o padrão identificado:

*As equipes que terminam antes do prazo aceleram mais rapidamente.*

*Com frequência as equipes acrescentam muito trabalho ao sprint e não conseguem finalizá-lo.*

*O não cumprimento da meta do sprint impede que a equipe se aprimore.*[2]

Trabalhamos com um grupo de especialistas do Projeto de Linguagem de Padrões do Scrum no intuito de criar uma linguagem de padrões para equipes hiperprodutivas. Esses padrões já foram usados em várias empresas, em várias áreas e várias vezes, e formam a essência da boa execução do Scrum.

## Você pode ter dados sem informações, mas não pode ter informações sem dados

Essa frase, citada por cientistas de dados como um mantra, foi cunhada pelo cientista da computação, romancista e guru de big data Daniel Keys Moran. E é o problema que a 3M Health Information Systems está tentando solucionar em hospitais, seguradoras e planos de saúde. Apenas para dar um exemplo: de acordo com o Affordable Care Act (lei de assistência acessível dos Estados Unidos), os hospitais podem ser penalizados pelo governo federal se tiverem altas taxas de readmissão ou infecções hospitalares, entre outras questões. Faz parte de um movimento para se afastar do atendimento baseado em volume, em que um hospital é pago pelo número de procedimentos e testes (um modelo de taxa por serviço), e ir em direção ao atendimento baseado em valor, que é pago com base nos resultados do paciente (medir resultados em vez de rendimento). Em 2017, 751 hospitais tiveram seu dinheiro de reembolso do Medicare cortado por não atenderem aos novos padrões.

Um dos padrões são as reinternações evitáveis. É quando uma pessoa vai ao hospital por causa de algum problema e é internada novamente alguns dias ou semanas depois por alguma questão que poderia ter sido evitada por cuidados de melhor qualidade, melhor planejamento de alta, melhor acompanhamento após a alta ou melhor comunicação entre as equipes responsáveis por internar e dar alta aos pacientes.

O ideal seria saber quais pacientes têm maior probabilidade de ser internados novamente, já que apenas uma porcentagem muito pequena é responsável pela grande maioria das reinternações. É aqui que entra a 3M Health Information Systems (3M HIS) com sua operação massiva de big data. Eles analisam todos os dados, das anotações dos médicos aos relatórios do laboratório, passando pelos dados demográficos, e ajudam os hospitais a tomar medidas proativas em vez de reativas, para dar aos pacientes o suporte de que precisam. As pessoas ficam mais saudáveis, um número menor delas vai parar no pronto-socorro, os custos são menores e há melhores resultados para todos. Legal, não?

Em setembro de 2014, meu pai e eu publicamos nosso primeiro livro, *Scrum: A arte de fazer o dobro do trabalho na metade do tempo*. Ele foi parar nas mesas de trabalho de muitas pessoas, dentre elas David Frazee e Tammy Sparrow, da 3M HIS. David era o chefe de tecnologia da divisão, Tammy era sua vice. Eles entregaram o livro a todos da equipe executiva. E então nos ligaram.

Em maio de 2015, levaram-nos à empresa para avaliar o estado de seu Scrum, que não estava bom. Além disso, enfrentavam uma crise iminente: em outubro daquele ano, um de seus principais produtos teria que mudar radicalmente e não estavam muito confiantes de que cumpririam o prazo.

## Os padrões que aceleram as equipes

W61.62XD é o código que indica um incidente infeliz com um pato e o encontro subsequente com um médico. Ele faz parte da CID-10, a versão 10 da Classificação Estatística Internacional de Doenças e Problemas Relacionados à Saúde. A Organização Mundial da Saúde usa esses códigos (cerca de 141 mil no total) para classificar praticamente tudo que pode dar errado no corpo humano.

Em 2015, o sistema dos Estados Unidos ia enfim mudar da CID-9 para a CID-10. A CID-9 tinha cerca de 14 mil códigos, uma magnitude menor que a CID-10. Esses códigos são muito importantes para o sistema de saúde, porque seus dados podem fornecer informações valiosas sobre o que está de fato acontecendo com as pessoas. É também como as seguradoras determinam o que e quanto pagarão.

Na época, a 3M HIS tinha cerca de 5 mil clientes que usavam seu sistema para determinar com precisão todos esses códigos, para que hospitais e clínicas pudessem obter reembolso das seguradoras ou do governo. O prazo final da troca para a CID-10 era 1º de outubro de 2015, e a coisa não estava indo bem.

Começamos a trabalhar com a liderança da divisão naquele verão. Foi quando Tammy ganhou um novo cargo: diretora da jornada Ágil. A primeira coisa que dissemos à 3M HIS foi que eles não sabiam priorizar. Havia pessoas trabalhando em coisas de mais de uma só vez, mesmo que estivesse claro que a CID-10 era sua maior prioridade. Trabalhando com Tammy e David, lançamos cinco equipes para cumprir esse prazo.

O dia 1º de outubro chegou e o projeto estava concluído. Ao longo do ano seguinte, usando o padrão "Equipes que terminam antes do prazo aceleram mais rapidamente", eles aumentaram sua velocidade em 160%. Agora há centenas de pessoas em equipes Scrum. O que o padrão faz, diz Tammy, é forçar as equipes a registrar o que fazem, tirar os obstáculos do caminho e deixá-las se concentrarem. "É possível terminar mais rápido com esse foco. O objetivo não é sobrecarregar as equipes, mas torná-las capazes de realizar o trabalho."

Assim, analisemos os padrões que também acelerarão suas equipes.

## Equipes estáveis

Os stakeholders ficam mais felizes com equipes que podem atender às suas expectativas em tempo hábil, então o ideal é que a equipe faça o necessário para reduzir a variação de suas previsões.

Portanto: mantenha as equipes estáveis e evite realocar pessoas entre equipes. Equipes estáveis tendem a conhecer sua capacidade, o que possibilita que a empresa tenha alguma previsibilidade. Dedique membros de equipe a uma única equipe sempre que possível.[3]

Eis como as coisas em geral acontecem. Você está trabalhando em um projeto com uma ótima equipe. Todo mundo se dá bem e faz o trabalho com facilidade. Essa equipe é um motor afinado, construído para a velocidade. Todos já participamos de uma equipe como essa pelo menos uma vez na vida. É uma experiência incrível, inesquecível.

No meu caso, o que me vem à mente é o grupo de pessoas que lançou e produziu um talk show de rádio ao vivo na WBUR, de Boston, chamado *The Connection*. Trabalhávamos em um escritório que sem dúvida descumpria o código de segurança contra incêndio. Falávamos ao telefone, escrevíamos roteiros, pensávamos em novas ideias criativas.

Realizávamos dois programas por dia, todos os dias, sem interrupção ou repetição de tema.

Éramos o principal assunto da cidade. Você podia entrar em qualquer bar que as pessoas estariam debatendo o que havia acontecido no *The Connection* naquele dia. Era inebriante. Brigávamos com certa frequência, mas ríamos ainda mais. Às vezes um convidado cancelava sua participação 15 minutos antes de irmos ao ar, então entrávamos em ação no mesmo instante, pensando em outra ideia em poucos minutos. Conhecíamos tão bem os talentos e as mentes uns dos outros que sempre sabíamos que alguém agarraria a bola que jogávamos sem precisar olhar. Nunca esquecerei isso.

Mas o que acontece normalmente? Na maioria das empresas, quando o projeto termina, a gerência pega aquela equipe maravilhosa de que você estava se lembrando e separa seus integrantes, montando novas equipes para o projeto seguinte. A questão é que demora muito tempo para um time se tornar altamente funcional.

Bruce Tuckman era professor de psicologia da educação na Universidade Estadual de Ohio. Um de seus trabalhos mais influentes foi um artigo de 1965 intitulado "Sequência de desenvolvimento em pequenos grupos". Nele, Tuckman revisou dezenas de estudos sobre a formação de grupos e descobriu que eles passam por quatro estágios enquanto se tornam uma equipe. Ele chamou o primeiro de "formação" e o descreveu como o momento em que os membros da equipe testam uns aos outros. Sondam os limites da dinâmica interpessoal e como outros membros do time abordam seu trabalho.

Tuckman descreve o segundo estágio, "confrontação", desta maneira:

> O segundo ponto da sequência é caracterizado por conflito e polarização em torno de questões interpessoais, com resposta emocional concomitante na esfera da tarefa. Esses comportamentos servem como resistência à influência do grupo e aos requisitos de tarefas e podem ser rotulados como confrontos.[4]

Basicamente, as pessoas ficam bravas umas com as outras. Sentem a necessidade de criar arestas e fronteiras entre si e os outros. E em geral isso se manifesta na forma de uma agitação silenciosa ou, por fim, perda de paciência.

O terceiro estágio, "normatização", é quando essas divergências são resolvidas. Os limites foram estabelecidos e os grupos começam a construir coesão. As pessoas passam a se identificar com sua equipe. Novos papéis podem ser adotados à medida que o time descobre a melhor forma de trabalhar junto. É a configuração da maneira como a equipe concordou em trabalhar.

Tuckman explica que a "performance", o quarto estágio, é o momento em que a estrutura da equipe se torna a ferramenta de como o time realiza as coisas. A sociodinâmica do grupo se transforma na energia que a equipe usa para produzir um excelente trabalho. O que cada um faz é menos importante do que o fato de que tudo é feito pela equipe como um todo.

Isso não acontece da noite para o dia. Demora muito tempo para desenvolver confiança, ter noção do conhecimento uns dos outros e estabelecer uma cultura positiva, comportamentos e maneiras aceitáveis de trabalhar juntos. Simplesmente leva tempo, e há várias razões para isso.

A primeira é a ideia de um modelo mental compartilhado. Vou poupá-lo da linguagem científica, então basicamente é que, quando aprende o suficiente sobre sua equipe, um grupo pode prever do que os outros membros precisarão ou o que farão. Eles ganham uma compreensão implícita da dinâmica do grupo.

Outra teoria postulada sobre por que as equipes que trabalham juntas por longos períodos são bem-sucedidas é o conceito de memória transativa, estudada pela primeira vez em casais envolvidos romanticamente: como as experiências compartilhadas criam memórias que exigem ambos os parceiros para que sejam totalmente lembradas. O exemplo clássico é de um parceiro perguntando ao outro: "Onde era mesmo aquele lugar onde deparamos com aquele pato?" (W61.62XD: Atingido por pato, encontro subsequente.) E o parceiro responde: "Ah, você está falando de quando Jim e Sally estavam lá e você ficou um pouco bêbado?" "Isso mesmo!" "Ah, isso foi no Brooklyn."

Como um grupo, a equipe armazena lembranças em diferentes pessoas. Os membros da equipe passam a apoiar-se uns nos outros para isso. E é provável que nem percebam que estão fazendo tal coisa. Mas experiências compartilhadas constroem memória compartilhada, o que cria algo novo que existe apenas no relacionamento entre as pessoas, o que o professor Ikujiro Nonaka chama de *ba*. Curiosamente, a ciência diz que isso não acontece se o grupo for muito grande, porque a rede de memória compartilhada tem um limite de tamanho de cerca de sete pessoas. Ah... O mesmo tamanho que uma equipe Scrum – não é interessante?

Uma meta-análise da literatura científica revisou todas as pesquisas e concluiu:

Para além da familiaridade, da experiência compartilhada e da interação presencial, a base de pesquisa para ajudar a identificar técnicas para aprimorar a memória transativa ainda não está desenvolvida o suficiente para justificar recomendações específicas de como aprimorá-la em equipes.

Familiaridade, experiência compartilhada e interação presencial: é justamente em torno disso que o Scrum tenta criar uma estrutura. Criar de propósito, em vez de deixar que aconteça por um feliz acaso. Equipes estáveis, multifuncionais e trabalhando no mesmo local: esse é o segredo. Não é complicado.

Eu poderia continuar a falar sobre coesão, orgulho da equipe, efeitos da liderança, treinamento. Já estudaram tudo sobre o esforço de ajudar a formar um ótimo grupo. A primeira coisa, porém, são as equipes estáveis.

Outra parte importante da estabilidade da equipe é a dedicação. Você não quer pessoas em duas, três ou cinco times. A atribuição fracionária reduzirá pela metade a produtividade de suas equipes.

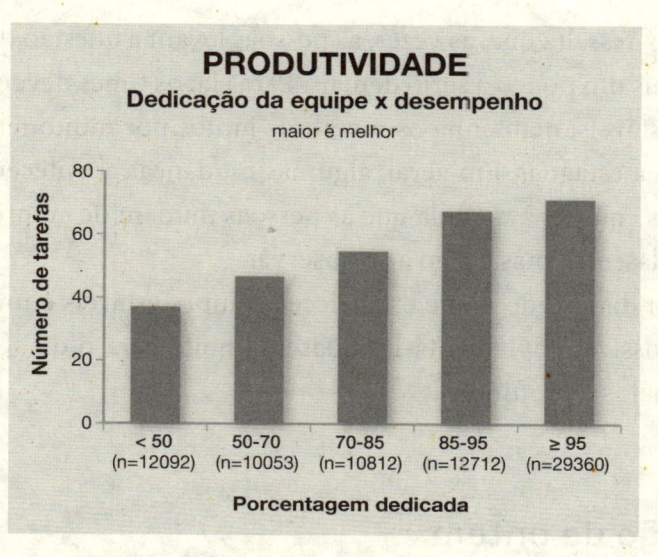

**PRODUTIVIDADE**
Dedicação da equipe x desempenho
maior é melhor

| Porcentagem dedicada | Número de tarefas |
|---|---|
| < 50 (n=12092) | ~37 |
| 50-70 (n=10053) | ~46 |
| 70-85 (n=10812) | ~54 |
| 85-95 (n=12712) | ~67 |
| ≥ 95 (n=29360) | ~70 |

Rally Software Development Corp. "The impact of Agile Quantified" (O impacto do Ágil quantificado), 2015 (on-line).

Esses são dados de mais de 75 mil equipes. Foram obtidos no Rally, uma das grandes ferramentas Scrum on-line. Eles analisaram seus dados e descobriram que, se uma equipe tem membros totalmente dedicados, ela é quase duas vezes mais produtiva que times compostos por pessoas que trabalham em mais de um grupo ao mesmo tempo.

Isso é óbvio, mas todo mundo faz o oposto: *Ah, Lucinda é a única pessoa que sabe disso, então ela trabalhará em cinco equipes.* Isso acaba com a pobre Lucinda, que tem que mudar drasticamente o contexto todos os dias. Não é apenas trabalho diferente, são também pessoas diferentes. Além de ineficiente, isso é cruel. Não permite que Lucinda tenha os benefícios de uma equipe, desfrutando do *ba* e da memória compartilhada.

Na 3M HIS antes do Scrum, eles tinham equipes estáveis, mas os membros não eram dedicados a uma única equipe. "A maioria das pessoas tinha que trabalhar em meia dúzia de equipes ou projetos", conta David, agora diretor de sistemas de pesquisa corporativa da 3M. "Nós imediatamente nos esforçamos para que pelo menos 80% das pessoas se dedicassem a um único projeto. Houve um efeito imediato de clareza", disse-me ele.

Tammy ressalta que, às vezes, as pessoas levam a questão de ter equipes estáveis um pouco a sério demais. Para ela, os times devem ser cerca de 80% estáveis; mantenha os membros juntos por muito tempo e eles começam a estagnar. Em geral, algumas mudanças acontecem naturalmente nas equipes à medida que as pessoas mudam de emprego ou são promovidas, etc., mas é algo a se observar.

O bom disso tudo é que estabelecer equipes estáveis é uma solução fácil. É possível implementá-las quase da noite para o dia, e os efeitos são imediatos e profundos.

## Previsão de ontem

É da natureza humana que indivíduos e equipes com autoestima elevada estabeleçam objetivos cada vez mais altos para si próprios. E também é da natureza humana que as equipes mirem mais alto que suas habilidades e/ou acabem adotando atalhos para evitar decepcionar a si mesmas e a seus stakeholders, ou falhem em entregar o que era esperado.

Portanto: na maioria dos casos, o número de pontos de estimativa concluídos no último sprint é um prenúncio confiável de quantos pontos de estimativa de trabalho a equipe concluirá no próximo sprint.[5]

Basicamente, a melhor forma de prever o desempenho futuro é o desempenho passado. Os pontos de estimativa são apenas uma maneira de avaliar quanto esforço um trabalho demandará. Grandes coisas exigem muitos pontos; pequenas coisas, poucos. De forma essencial, se sua equipe tiver concluído 10 itens do backlog no último sprint, inclua apenas 10 no próximo sprint. É simples, mas as equipes odeiam isso. As pessoas querem melhorar, provar que podem fazer melhor.

Claro, às vezes podem mesmo. Mas muitas vezes não conseguem. E é muito melhor terminar antes do prazo, acrescentar mais trabalho ao sprint e ter a possibilidade de *acelerar*. Não terminar o que você se propõe a fazer acaba com a motivação. Você se culpa, mesmo sabendo que era uma meta ousada.

Com frequência, a gerência insiste em atingir metas difíceis, para pressionar a equipe ou a organização. O problema é que, se você disser que o objetivo é X, as pessoas farão o que for necessário para alcançar o X. Isso pode levá-las a tomar atalhos, ou mesmo a conscientemente fazer a coisa errada para que *pareça* que atingiram o X. Lembra-se da história da mentira ladeira abaixo?

Recomendamos usar a velocidade média dos três últimos sprints, não apenas a do último. E lembre-se: você não conseguirá terminar antes do prazo quando se comprometer a fazer tudo. Parte do Scrum é dizer não.

O problema não era que as equipes tentassem fazer coisas de mais na 3M HIS; era a gestão. "Antes do Scrum", diz David, "as pessoas eram sobrecarregadas ao extremo. Era um caso clássico em que a empresa queria entregar algo em determinada data e as equipes técnicas simplesmente não eram capazes de fazer todo o trabalho solicitado naquele tempo." Quando obtiveram dados reais sobre a velocidade, elas puderam rebater, dizendo: "É disto que somos capazes." A liderança também passou a ter uma ideia muito melhor de quando algo realmente ficaria pronto.

"Um problema que vejo", observa Tammy, "é que as equipes às vezes alteram suas estimativas para incluir mais trabalho em um sprint, mas sacrificando a qualidade." Ela quer que as equipes se neguem a fazer isso, insistindo na previsão de ontem para que possam construir qualidade em vez de tentar corrigir o trabalho mais tarde.

## Swarming

Trabalhar em muitas coisas ao mesmo tempo pode reduzir radicalmente a eficácia individual, a velocidade da equipe ou o bem-estar da empresa. Pode comprometer a velocidade e, às vezes, reduzi-la a zero.

Portanto: concentre o esforço máximo da equipe em um item do backlog do produto e conclua-o o mais rápido possível.[6]

Já falei sobre a diferença entre estar ocupado e concluir o trabalho. Esse padrão é o que corrige isso.

Eis a verdade simples: os seres humanos adoram distrações. Sem dúvida espero que a esta altura as pessoas tenham internalizado não apenas a noção de que fazer várias coisas ao mesmo tempo é ruim, mas também que isso mata a produtividade. Toda vez que somos interrompidos por um e-mail ou mudamos de uma tarefa para outra, nosso foco entra em colapso. Pode levar horas para voltar ao estado mental necessário ao que estávamos fazendo. Isso é verdade no nível individual, mas também no nível da equipe e organizacional. Comecemos com a equipe.

Deixe-me levá-lo de volta ao fundador do Sistema Toyota de Produção, Taiichi Ohno. Ele tinha uma taxonomia do desperdício, coisas que atrasavam o sistema. Dividiu-as em *muda, mura* e *muri*. *Muda* pode ser traduzido do japonês como "sem resultado" – trabalho inacabado. *Mura* significa "inconsistência ou irregularidade" – na verdade, é um termo do trabalho têxtil, referindo-se a uma inconstância no tecido. E *muri* pode ser traduzido como "sem motivo". Esses três tipos de desperdício descrevem o que impede que as coisas sejam feitas, como superprodução, espera, transporte, expectativas absurdas e afins.

A pior forma de desperdício para Ohno – na verdade, a pior em qualquer contexto – era o trabalho em andamento (ou processo, que seja) ou WIP, na sigla em inglês. É a pior forma de desperdício, porque você gastou tempo, dinheiro e esforço e ainda não tem nada para mostrar. O trabalho não está feito.

O segredo é mudar para o que Ohno chamou de "fluxo único contínuo", que eu chamo de "concluir as coisas rápido". Em qualquer equipe do Scrum, há entre 10 e 20 coisas no backlog do sprint – o trabalho com que os membros se comprometeram naquele período. E, em quase todas as empresas que visitei, todos esses itens de backlog foram iniciados mas nada foi concluído.

O *swarming*, um padrão de trabalho semelhante ao de um enxame, trata disso. Ele sugere se concentrar apenas no item mais importante da lista de pendências e trabalhar só nele até que esteja completo. A equipe inteira deve dedicar todo o seu esforço a fazer algo até o fim antes mesmo de pensar em iniciar qualquer outra tarefa. Por estar focada no objetivo, ela pode entregar valor depressa.

Pense em uma equipe de pit stop da Fórmula 1. Se você nunca viu uma em ação ou nunca reparou muito, procure um vídeo no Google. É impressionante. O carro entra nos boxes e para completamente. Só de fazer essa parada, imediatamente fica para trás na corrida, por isso a equipe precisa fazer com que ele volte à pista o mais rápido possível. Então, assim que o carro freia, até 20 pessoas começam a trabalhar. Cada pneu requer três pessoas em perfeita sincronia: uma para operar a pistola pneumática para arrancar as porcas que o seguram, outra para tirar o pneu e mais outra para colocar o novo pneu. Cada décimo de segundo conta. E isso para falar apenas dos pneus; as outras pessoas estão fazendo ajustes, abastecendo o tanque ou consertando qualquer outra coisa para levar o carro de volta à pista em segundos.

Isto é o *swarming* – o foco total de uma equipe em entregar o valor de devolver um carro à pista. E é isso que você deseja que suas equipes Scrum façam.

Tammy admite que a 3M HIS ainda está enfrentando problemas para que todas as equipes sejam multifuncionais e capazes de aplicar o *swarming*. Seus times que trabalham em serviços na nuvem podem fazê-lo, porque foram projetados de maneira modular desde o início. Para seus sistemas legados, porém, é incrivelmente difícil dividir o trabalho.

"É a lei de Conway, com certeza", diz ela – o produto reflete a arquitetura organizacional. Mas eles estão realizando mudanças. Atualmente, a

3M HIS tem muito menos feudos: todas as equipes Scrum se reportam à estrutura de pesquisa e desenvolvimento em vez de serem espalhadas pela organização. A empresa está investindo pesado na migração para a nuvem e na criação de um modelo de serviços. Mas isso leva tempo; não acontece da noite para o dia.

"Quando reflito sobre nossa transformação", conta Tammy, "penso em como você sempre dizia que é uma jornada. No primeiro e no segundo ano, todo mundo estava muito empolgado. E então ficou difícil." Eles estavam animados porque no começo é possível consertar as coisas com facilidade. Mais tarde, você se depara com os problemas mais complexos: a estrutura da organização, a arquitetura do produto. Mas Tammy diz que eles estão seguindo em frente e têm grandes planos para continuar se transformando. Só que nem sempre é fácil.

## Amortecedor de interrupções

Mudanças de prioridade ou problemas no local de trabalho são interrupções frequentes nas equipes Scrum durante um sprint. As demandas das áreas de vendas e de marketing, combinadas com a interferência da gerência, podem causar uma disfunção crônica na equipe, repetidos fracassos de sprints, falhas no cumprimento das datas de lançamento e até a falência da empresa.

Portanto: reserve tempo para interrupções e não permita mais trabalho do que cabe naquele período. Se o trabalho exceder o espaço de tempo, aborte o sprint.[7]

Alex Sheive é um dos nossos instrutores na Scrum Inc. Ele conheceu o Scrum há cerca de 10 anos e afirma que, depois de ver o padrão amortecedor de interrupções, sabia que tinha que trabalhar dessa maneira. Foi contratado por uma empresa de serviços financeiros em julho de 2007. Sua equipe desenvolvia ferramentas para operadores financeiros e ele dividia uma sala com o principal desenvolvedor. Os dois se davam bem, trabalhavam duro. *No que* eles trabalhavam mudava com frequência. Um dia, um dos sete sócios da empresa dizia: "Isto é o mais importante." Na semana seguinte, ou às vezes no *dia* seguinte, outro sócio talvez quisesse algo totalmente diferente. Não havia muito foco. Mas Alex não se preocupava muito com isso. Sua equipe realizava os pedidos e não ouvia nada além de feedback positivo.

Então chegou a hora das avaliações anuais. Seu colega de sala voltou de uma reunião de avaliação, fechou a porta com força e bateu com a cabeça na mesa que compartilhavam. A equipe tinha recebido um projeto enorme e importante no início do ano e não havia feito nenhum progresso. Por ser o principal desenvolvedor, ele tinha sido repreendido pelo chefe e ouvira que eles não haviam efetivamente feito nada naquele ano.

A parte mais estranha, Alex conta, é que, apesar de trabalharem todos os dias havia seis meses na mesma sala, na mesma equipe, conversando sobre o trabalho o tempo todo, nunca ouvira falar daquele projeto. Eles tinham se empenhado fazendo o que pediam. Não era que os sócios quisessem inviabilizar o projeto; eles simplesmente não perceberam que, interrompendo-os com uma solicitação urgente após outra, haviam impossibilitado a equipe de se concentrar no projeto, que dirá concluí-lo. Mas eles assumiram a responsabilidade por suas ações? Não. Para eles, era óbvio que o desenvolvedor principal havia falhado.

Vejo isso acontecer com frequência. As equipes são interrompidas o tempo todo pela gerência, pela área de vendas ou pelo suporte e instruídas a abandonar o que estão fazendo e trabalhar nessa coisa importantíssima que acabou de aparecer. Então, é claro, quando chegam à revisão do sprint, nada foi feito. E a gerência pensa: *Bem, aquela equipe não está tendo um bom desempenho.*

A solução – e esta é a solução para muitas coisas no Scrum – é tornar visíveis os custos das decisões. Às vezes, existem emergências reais com as quais precisamos lidar imediatamente. Mas nem tudo é uma emergência. Então o que a equipe faz é reservar uma porcentagem de sua capacidade e chamar isso de amortecedor de interrupções. Digamos que um time normalmente conclua 20 itens de backlog em um sprint. Então ele deve pegar apenas 15 no sprint seguinte, deixando o resto do espaço como uma reserva para emergências.

O Product Owner é quem toma conta desse amortecedor quando todas as solicitações chegam. Somente ele pode decidir se vale a pena interromper a equipe, porque isso os atrasará. Então ele pode dizer: "Isso é importante, mas não é mais importante que o material do backlog deste sprint, então faremos isso no próximo sprint." Existem algumas coisas que não são nem um pouco importantes, e, como o Product Owner é o dono do backlog, pode simplesmente responder: "Claro, incluirei seu pedido no backlog! Em último lugar." Mas há algumas coisas que valem a interrupção da equipe, e, nesse caso, o Product Owner gastará um pouco desse amortecedor de interrupção.

Aqui está o truque: quando esse amortecedor se esgotar, você precisará abortar o sprint. Pare o trabalho imediatamente e planeje de novo o que pode de fato ser feito no tempo restante no sprint e quais são as prioridades. Isso porque, se esse amortecedor estourar, parte do trabalho com o qual a equipe se comprometeu no planejamento do sprint *não será concluída*. Não há nada mais desmotivador para uma equipe do que saber que irá falhar. E o pior é não fazer nada a respeito.

Um efeito de segunda ordem de abortar o sprint é que a liderança odeia quando isso acontece. Na reunião do comercial na segunda-feira, Sally talvez se dirija a Ray e diga: "Por que você estragou o sprint, Ray? Com isso, as coisas que prometi aos meus clientes não foram concluídas. E a culpa é *sua*." Coloque a culpa em quem a merece, nas pessoas que interrompem a equipe, não na própria equipe. Chame atenção para essa questão. A empresa se auto-organizará para não deixar isso acontecer.

Com a equipe consciente do que pode ou não fazer, quando algum gerente pedir algo, a pessoa poderá dizer: "Bem, não sou eu quem decide. Adoraria ajudá-lo, mas temos essas novas regras – você precisa falar com o Product Owner. Se dependesse de mim, eu com certeza diria que sim, mas não estabeleço as regras."

Digamos que a equipe receba treinamento em Scrum e seja forçada a abortar seu primeiro sprint por conta de uma grande interrupção de um dos sete sócios. Dessa vez, o efeito da interrupção é *visível*. O custo das ações de um sócio pode ser visto pelos outros seis. E, como resultado, isso nunca mais acontece. A equipe pode se concentrar no grande projeto em que está trabalhando e entregá-lo bem antes do fim do ano. Eles então passam para o próximo projeto mais importante.

O essencial é que você torne visível o custo das decisões. As equipes geralmente são atrasadas por forças externas ao seu processo. Lembre-se: o verdadeiro objetivo é a velocidade. Meça-a e descubra o que está impedindo você e a equipe de se tornarem mais rápidos.

O amortecedor de interrupções foi essencial para permitir que a 3M HIS deixasse de ser uma organização tradicional e passasse a ser Ágil. No início, talvez 60% do esforço de uma equipe da empresa fossem ocupados com interrupções. Mas, ao longo dos anos, eles se concentraram em diminuí-las. Agora chega a cerca de 20%. E eles estão pensando muito sobre isso, trabalhando nas mudanças difíceis que podem levá-los ao próximo nível.

## Casa arrumada

Onde há bagunça, você perde tempo e energia determinando por onde e com que começar.

Portanto: mantenha um produto e um ambiente de trabalho completamente limpos e organizados, continuamente ou ao final de cada dia.[8]

Entre 2006 e 2007, havia 100 ataques diários às forças da coalizão no Iraque. E os alvos favoritos dos insurgentes eram comboios dos Estados

Unidos. Muitos Humvees – veículos multipropósito de alta mobilidade do Exército americano –, caminhões e outros equipamentos eram explodidos.

Um dia, meu editor da NPR me perguntou:

– Para onde vão todos aqueles Humvees que explodem? Quero dizer, eles estão gastando bilhões de dólares em consertos. Onde são feitos os consertos?

– Eu não sei – respondi. – Vou investigar.

Acabei descobrindo que muitos dos caminhões danificados acabam no Depósito do Exército de Red River, a cerca de 30 quilômetros de Texarkana, no Texas. Com o acirramento da guerra, porém, o Pentágono decidiu terceirizar tudo e fechar as instalações para economizar dinheiro. Isso porque Red River só era capaz de consertar três veículos por semana. E, quando se tem 100 deles explodidos por dia, três por semana não são suficientes.

Milhares de pessoas trabalhavam no depósito, mas apenas uma era do Exército: o coronel no comando. Todas as outras eram civis. Seus empregos eram bons, e o fechamento do depósito seria um tremendo golpe econômico para a região. Então o coronel decidiu observar como empresas como Ford e GM fabricavam seus carros. Se você nunca viu uma linha de produção enxuta (*lean*), procure um vídeo no YouTube. É quase mágico, um balé cuidadosamente orquestrado de peças e pessoas. Tudo é baseado no Sistema Toyota de Produção que mencionei antes.

Na Toyota, sempre que há um problema, os trabalhadores são incentivados a interromper a linha puxando o que é chamado de cabo Andon. Quando isso acontece, a gerência chega – não para ver como o trabalhador errou, mas para tentar descobrir a causa do problema e corrigi-lo para que *nunca mais aconteça*. E, pouco a pouco, a linha se torna cada vez mais rápida e a qualidade, melhor. A regra é nunca deixar um defeito passar de uma estação para outra na linha.

Voltemos a Red River, depois das pesquisas do coronel. Além de Humvees explodidos por toda parte, existem também imensos prédios da época da Segunda Guerra Mundial. E, quando você entra nessas construções, vê um balé de motores, lataria, pneus – todos parecem flutuar, parando exatamente no lugar certo e na hora certa. Acima de cada parada na linha, há um grande cronômetro digital ajustado para realizar uma contagem regressiva de 16 minutos. A cada 16 minutos, os Humvees precisam se mover. Velocidade, com qualidade, é fundamental.

A maneira antiga de consertar Humvees era muito lenta, por isso decidiram tentar uma abordagem radicalmente diferente. Passaram a desmontar os veículos destroçados até o último parafuso. Então montavam novos a cada 16 minutos. E os veículos começaram a sair melhores. Eles aplicam a tecnologia mais recente, a melhor blindagem e sistemas de suspensão atualizados. Os Humvees saem melhores do que entraram.

Quando visitei Red River pela primeira vez, a fábrica tinha capacidade de recriar 32 Humvees por dia. Quando voltei, vários meses depois, a marca de 40 veículos diários já tinha sido ultrapassada. De três por semana a 40 por dia. O tempo de fluxo também diminuiu, de 40 para 10 dias.

E, surpreendentemente, eles não trocaram nenhuma das pessoas que trabalhavam nos Humvees. Contrataram mais algumas, mas basicamente os funcionários eram os mesmos que estavam lá antes. O processo mudou, não as pessoas. Ao transformarem o modo de trabalhar, catalisaram uma força que seria impensável apenas alguns anos antes. Mudaram o que eram capazes de realizar.

E aqueles trabalhadores tinham orgulho do que faziam. Colocavam um adesivo dentro de cada Humvee com os dizeres: "Nós o construímos como se nossas vidas dependessem disso, porque a vida deles depende." E havia uma linha telefônica 0800, que funcionava 24 horas por dia, com uma equipe de atendimento formada por voluntários da fábrica.

Naquela noite, liguei para meu pai do hotel de beira de estrada em que eu estava hospedado em Texarkana. Tenha em mente que nessa época eu era um repórter, não um especialista em Scrum. "Pai", falei, "sabe como eu pensava que o Scrum e a melhoria de processos eram papo furado de gestão? Acho que eu estava errado. Talvez você saiba do que está falando. Talvez."

Portanto, o padrão casa arrumada tem a ver com manter um produto limpo e um ambiente limpo todos os dias. Se alguém vê algo errado, deve corrigir, mesmo que não tenha causado o problema. Deixe tudo melhor do que estava quando você chegou. Na linguagem Toyota, nunca repasse um defeito para a estação seguinte. Se for preciso testar a qualidade no fim do processo, ela será péssima; em vez disso, aumente a qualidade sempre que tocar no produto.

Se você se encontrar nessa posição, reconheça que pode consertar as coisas. Você pode fazer com que esses problemas desapareçam *para sempre*, como os trabalhadores de Red River fizeram. Mude a maneira como está trabalhando e ficará surpreso com a própria capacidade.

## Procedimento de emergência

Os problemas surgem no meio de um sprint por causa de requisições urgentes ou alterações imprevistas. Na metade do sprint, talvez seja óbvio que a equipe de desenvolvimento não será bem-sucedida em concluir o backlog. A linha do gráfico de *burndown* do sprint ainda está alta e eles veem que não conseguirão atingir a meta do sprint na taxa atual de realização de tarefas.

Portanto: se a linha do *burndown* estiver alta, tente uma técnica de rotina usada por pilotos. Quando coisas ruins acontecerem, execute um procedimento de emergência projetado especificamente para o problema.[9]

Pelo gráfico de *burndown* – palavra que, em inglês, quer dizer literalmente "queima" –, você é capaz de ver onde a equipe está no sprint. Um eixo representa o número de pontos que a equipe designou para o sprint e o outro representa o número de dias.

Você começa com 10 tarefas e, a cada dia, "queima" a quantidade de trabalho que fez. Digamos que esteja no meio de um sprint. Você olha para o *burndown* da equipe e é óbvio que não há como concluir todas as tarefas restantes – eles só concluíram duas coisas. O *burndown* deles não chegará a zero até o final do sprint. Isso não foi causado por interrupções; talvez o trabalho seja simplesmente mais difícil do que pensavam ou a equipe tenha se deparado com problemas inesperados. Mas o trabalho não vai ser feito – o avião está caindo.

Meu pai foi piloto de caça no Vietnã. Ele diz que, quando coisas ruins acontecem em um avião de combate, você executa imediatamente um procedimento de emergência. Não há tempo de tentar descobrir o que está acontecendo. Portanto, há um checklist anexado à coxa esquerda dos pilotos e eles devem simplesmente começar a executá-lo. Sem perguntas. No Scrum, o Scrum Master tem que executar uma lista semelhante de imediato. Regras são regras.

Aqui está o checklist:

## ETAPAS DO PROCEDIMENTO DE EMERGÊNCIA (FAÇA APENAS O QUE FOR NECESSÁRIO)

1. Mude a maneira como o trabalho é feito. Faça algo de forma diferente.
2. Obtenha ajuda, em geral transferindo tarefas do backlog para outra pessoa.
3. Reduza o escopo.
4. Aborte o sprint e planeje novamente. Informe à gerência como as datas de lançamento serão afetadas.

Siga os passos da lista automaticamente. Se você não fizer nada, toda a equipe cairá.

Na 3M HIS, David disse que Tammy fazia interrupções de vez em quando. Na verdade, Tammy gostaria que suas equipes fizessem isso com mais frequência, para não sacrificarem qualidade em nome da velocidade. Use a alavanca de emergência. Isso torna o problema visível. Se as equipes não o fizerem, você não terá ideia do motivo pelo qual os prazos continuam sendo desrespeitados ou a qualidade começa a diminuir. Incentive suas equipes. Elogie-as por informá-lo de que uma emergência está ocorrendo.

## Mais Scrum no Scrum

Apenas uma pequena minoria de equipes Scrum faz a mudança de paradigma para um novo nível radical de desempenho e capacidade de criar valor. Isso ocorre porque a maioria das equipes falha em identificar e remover impedimentos.

Portanto: identifique o impedimento mais importante na retrospectiva do sprint e remova-o antes do final do próximo sprint.[10]

O Scrum foi projetado para produzir equipes hiperprodutivas. É por isso que o subtítulo de nosso livro anterior se refere a fazer o dobro do trabalho na metade do tempo. Isso não é um exagero: é o objetivo. Com disciplina, é totalmente factível. Mas muitas equipes Scrum não obtêm esse nível de aumento, e a causa é quase sempre a mesma: elas falham em identificar e remover com êxito os impedimentos.

Elas ficam muito ocupadas, só que não terminam o trabalho. E aceitam que o mundo é assim. Em muitos lugares de fato é, mas também pode ser bem diferente.

Durante cada retrospectiva do sprint, a equipe deve apresentar uma melhoria – ou *kaizen*, se você achar que em japonês soa mais legal. Apenas uma. Um impedimento do qual se livrarão durante o sprint seguinte. Muitas vezes os membros da equipe identificam um impedimento mas nada acontece. Todo mundo parece pensar que livrar-se dele é responsabilidade de outra pessoa, porque tem um backlog enorme para resolver.

Há algum tempo, meu pai deu uma aula sobre Scrum em Paris e um conhecido especialista em metodologia Lean (ou de produção enxuta), Hugo Heitz, decidiu fazer o curso. Durante a aula, ele procurou meu pai e disse: "Eles precisam colocar o *kaizen* no backlog. Têm que acrescentar Scrum ao Scrum. Precisam usar o Scrum para melhorar o Scrum."

Depois que voltou à Scrum Inc., meu pai disse: "Vamos tentar fazer o seguinte: depois que tivermos nosso *kaizen*, vamos estimá-lo juntos e estabelecer critérios de aceitação para ele, para que possamos saber quando estará feito, e o colocaremos no topo do backlog. O *kaizen* se tornará a maior prioridade para o próximo sprint." E assim fizemos. Após dois ou três sprints, nossa velocidade dobrou. Continuou aumentando e estamos acelerando até hoje.

Muitas vezes, nas empresas, encontro pessoas que são simplesmente niilistas: "Este lugar é péssimo! Está horrível hoje e será assim amanhã e para sempre!" Quando me sento e converso com elas, descubro que essa atitude em geral decorre do fato de que todos sabem quais são os problemas mas ninguém os soluciona. Isso é muito desmotivador. Os problemas são conhecidos, talvez até as soluções sejam conhecidas, mas ninguém faz nada a respeito.

Então dirijo-me à gerência e informo isso a eles. E respondem: "Nós sabemos. Mas não podemos resolver a questão por causa de x, y ou z."

Espero um bom tempo, até a situação ficar desconfortável, para responder. Dá para sentir a tensão subindo. Então olho para eles e digo: "Não precisa ser assim, vocês sabem. É uma escolha. As coisas podem melhorar de verdade."

Às vezes, essas palavras surtem efeito e eles começam a de fato resolver alguns problemas, removendo os obstáculos que estão atrapalhando a equipe. Mas não é o que acontece sempre. Não posso forçá-los a agir. Quando o fazem, porém, aquele niilista se torna o maior defensor do Scrum na empresa, porque as coisas foram mesmo consertadas... finalmente.

Na 3M, eles ainda fazem o Scrum do Scrum todas as semanas. "É provável que nos tenha feito progredir mais que qualquer outra coisa. As equipes melhoram constantemente. E, com os sprints de uma semana, elas fazem isso 50 vezes por ano", relata Tammy.

As melhorias podem ser grandes e levar um tempo para serem abordadas, ou talvez estejam além da esfera de influência da equipe, mas é essa mudança de mentalidade – deixar de aceitar os problemas e passar a procurá-los ativamente – que faz toda a diferença. Os problemas adoram se esconder. Eles são como baratas nas paredes. Lance luz sobre eles e você ficará surpreso – erradicá-los não será tão assustador quanto parece.

## Métrica da felicidade

Na hora de refletir sobre o que passou e durante outras atividades de autoaperfeiçoamento, em geral há muitas ideias para aprimoramento. Mas muitas vezes você não sabe com antecedência quais iniciativas de aprimoramento produzirão os maiores benefícios.

Portanto: conduza o processo de aprimoramento com uma única e pequena melhoria de cada vez, escolhida com o consentimento da equipe. Faça à equipe uma pergunta que a ajude a refletir sobre qual das alternativas disponíveis aproveitará melhor seu entusiasmo ou seu senso de engajamento e use a resposta para escolher a que mais energizará a equipe.[11]

Em *Scrum: A arte de fazer o dobro do trabalho na metade do tempo*, dedicamos um capítulo inteiro à felicidade – é o Capítulo 7, se você estiver interessado. Por isso, não vou me estender tentando convencê-lo de que a motivação é importante. Confie em mim. É, e muito. Se as pessoas da sua organização não estiverem felizes e empolgadas por trabalharem lá, você tem um grande problema nas mãos. Pessoas felizes fazem coisas melhores mais rápido.

O estranho da felicidade, porém, é que ela é a causa do sucesso, não o resultado. As pessoas baseiam a felicidade de hoje em como pensam que o mundo será na semana que vem, não em como era na semana passada. Se você a quantificar, terá um indicador para o futuro.

Eis o que você deve fazer. Em todas as retrospectivas, pergunte publicamente à equipe quão felizes os funcionários estão em seus papéis, quão felizes estão com sua equipe e quão felizes estão com a empresa, em uma escala de 1 a 5. E há algo que os faria mais felizes? Pronto. É bem simples. Acho notável que, nesses casos, toda equipe se concentre na pessoa menos feliz e diga: *No próximo sprint, vamos consertar isso.*

Quando introduzimos isso na Scrum Inc., o primeiro pedido que surgiu foi um escritório melhor. As pessoas detestavam o local de trabalho. Então conseguimos um espaço melhor. Em seguida, solicitaram que o Product Owner entregasse itens de backlog melhores. Essa questão retornou algumas vezes. E continuamos resolvendo os problemas, um de cada vez, sprint após sprint. Logo a velocidade dobrou, e depois dobrou de novo. O dobro do trabalho. Na metade do tempo.

## Não basta falar; é preciso fazer

Os oito padrões que acabamos de ver são o segredo para aplicar o Scrum com eficiência.

Os dois primeiros, **Equipes estáveis** e **Previsão de ontem**, preparam a equipe para um sprint bem-sucedido. Se você não fizer isso, implementar o Scrum fica bem mais difícil.

Os quatro seguintes, *Swarming*, **Amortecedor de interrupções**, **Casa arrumada** e **Procedimento de emergência**, ajudarão com os problemas mais comuns das equipes durante um sprint.

Os dois últimos, **Mais Scrum no Scrum** e **Métrica da felicidade**, são a chave para a melhoria contínua em um ritmo sustentável. São eles que o levarão à hiperprodutividade – o principal objetivo do Scrum.

E então o nono padrão emergirá da execução fiel dos outros: **Equipes que terminam antes do prazo aceleram mais rapidamente**.

Como Tammy Sparrow admite, nem tudo é perfeito na 3M HIS. Eles ainda têm um longo caminho a percorrer. Mas já chegaram longe. O mais importante, segundo ela, é que as conversas são diferentes do que costumavam ser. A transparência de todo o sistema permite que vejam onde estão os problemas difíceis: o impacto da arquitetura organizacional, os problemas relacionados à manutenção dos produtos que a arquitetura produziu. Mas agora eles parecem corrigíveis. Ela mudou o que é possível fazer.

"Se conseguimos definir o backlog certo", diz ela, "as equipes voam."

Não estou dizendo que é fácil. *Pode* ser. Também pode ser extremamente difícil. Mas facilita se houver disciplina, e isso exige foco e comprometimento. Às vezes, ouço que o Ágil serve apenas para tornar a vida das pessoas melhor e mais feliz. Isso é verdade; ele de fato faz isso. Ou que o Ágil é, na realidade, sobre a construção de uma grande cultura e uma grande empresa. Sim, também é verdade.

Mas tudo isso está a serviço de uma coisa: a entrega de alto valor com entusiasmo. Com velocidade. E a velocidade é importante: na produção de qualidade e na tomada de decisões. Os números são bastante claros: se você demora, sua probabilidade de sucesso despenca.

Portanto, você terá que tomar decisões com base em informações imperfeitas e incompletas. Precisará se aventurar em meio à névoa da incerteza.

Todos esses padrões se entrelaçam e se reforçam. Eles formam uma *linguagem* de padrões. Comece com um. Apenas um. Os outros virão.

# RESUMO

*Taxonomia do desperdício.* Essa taxonomia divide o desperdício em três categorias: *muda*, "sem resultado" ou trabalho inacabado; *mura*, "inconsistência ou irregularidade"; e *muri*, "sem motivo". Esses são os fatores que atrapalham a execução do trabalho, como superprodução, espera, transporte, expectativas absurdas e coisas do gênero.

*Kaizen.* Durante cada retrospectiva do sprint, a equipe deve apresentar uma melhoria, ou *kaizen*, para experimentar no sprint seguinte. Pode ser a remoção de um impedimento, a tentativa de uma maneira diferente de trabalhar ou qualquer outra coisa que a equipe acredite que aumentará sua velocidade. Se o experimento der certo, continue fazendo. Caso contrário (e nem tudo que você tentar funcionará), jogue-o fora.

*Conheça os padrões do Scrum.*

- **Equipes estáveis** e **Previsão de ontem** preparam a equipe para um sprint bem-sucedido. Se você não fizer isso, implementar o Scrum fica bem mais difícil.
- *Swarming*, **Amortecedor de interrupções**, **Casa arrumada** e **Procedimento de emergência** ajudarão com os problemas mais comuns das equipes durante um sprint.
- **Mais Scrum no Scrum** e **Métrica da felicidade** são a chave para a melhoria contínua em um ritmo sustentável. São os padrões que o levarão à hiperprodutividade — o objetivo principal do Scrum. O dobro do trabalho. Na metade do tempo.
- **Equipes que terminam antes do prazo aceleram mais rapidamente** é o padrão que emergirá da execução fiel dos outros.

## BACKLOG

- Identifique pelo menos um exemplo de *mura*, *muda* e *muri* em seu local de trabalho. Como você os consertaria?
- Crie um gráfico de *burndown* e comece a acompanhar o progresso de sua equipe durante o sprint. Lembre-se de que um eixo representa o número de pontos que a equipe designou para o sprint e o outro representa o número de dias.
- Implemente cada um dos padrões descritos neste capítulo. Como eles afetaram as métricas de felicidade e velocidade da equipe? Eles mudaram a inclinação do seu gráfico de *burndown*?

CAPÍTULO 8

# O que não fazer

A existência de padrões implica, é claro, que existem maneiras de não fazer coisas, ou antipadrões. Nem toda implementação Scrum funciona. A parte interessante é que, quando não dá certo, em geral é pelas mesmas razões.

O Scrum foi projetado para trazer problemas à tona rapidamente. Em muitos casos isso pode ser doloroso. E, às vezes, essa dor é tão grande que impede as organizações de mudar.

Há alguns anos, logo que Kim Antelo começou na Scrum Inc., ela me ligou depois de visitar uma grande empresa automotiva com a qual estávamos trabalhando. O cliente não ia nada bem. As pessoas na equipe Scrum não tinham poder, havia inúmeras discussões e rixas e todos pareciam querer passar meses e meses discutindo sobre o que deveriam fazer em vez de fazer algo de verdade. Nunca me esquecerei daquele telefonema.

– Você vai me odiar, J. J.

– Por quê?

– Não vai funcionar.

E então ela começou a me contar sobre as coisas que impediam a empresa de se tornar Ágil e todos os motivos pelos quais essas coisas dificilmente mudariam.

Ela estava certa. E a Scrum Inc. encerrou o relacionamento com essa empresa. Não temos como forçar as pessoas a mudar. Podemos apenas ajudar.

Ao longo dos anos, fui criando uma lista de problemas como esse que aparecem repetidamente nas empresas. Descobri que saber o que não fazer é tão importante quanto saber o que fazer. A seguir, mostrarei esses antipadrões e as medidas para combatê-los.

## O que os líderes fazem

### Não fique no meio-termo

As mudanças organizacionais necessárias para a prática do Scrum são grandes. Haverá práticas de RH diferentes, uma estrutura hierárquica diferente, papéis diferentes. Para impulsionar uma nova realidade através de toda a organização, é preciso ter uma liderança forte no alto escalão, porque, se você não construir uma nova maneira de fazer as coisas que se torne o padrão de funcionamento de sua empresa, tudo poderá desmoronar em um piscar de olhos. Acabará com algo que não é Ágil, mas frágil.

Deixe-me dar um exemplo pessoal. A última empresa em que meu pai trabalhou antes de fundar a Scrum Inc. se chamava PatientKeeper. Eles faziam dispositivos eletrônicos portáteis para médicos e hospitais. Nesses dispositivos móveis, a equipe médica podia fazer tudo – prescrever um medicamento, solicitar exames, ver os resultados e assim por diante. A administração gostava desses aparelhos porque também permitiam coletar dados financeiros, cobrar por serviços e enviar pedidos de reembolso a seguradoras.

Meu pai, que era o diretor de tecnologia, se reuniu com o CEO e conversou sobre como ia executar o trabalho com o Scrum. "Tudo bem", disse o CEO, "mas estou cansado de as equipes me dizerem que as coisas estão 'feitas'. O único 'feito' que importa é o pagamento ao hospital e nenhum problema pendente."

Eles passaram os dois anos seguintes desenvolvendo a capacidade de fazer isso. Enfim conseguiram conectar vários hospitais a cada sprint. Hoje, a capacidade de integrar desenvolvimento e operações é uma prática conhecida como DevOps e as ferramentas têm código aberto e estão na nuvem. Mas naquela época foi preciso construir a tecnologia do zero.

Feito isso, o CEO disse que poderiam mudar as prioridades semanalmente. Toda segunda-feira à tarde, ele reunia os Product Owners e Scrum Masters para revisar como andavam as próximas entregas, mudar qualquer coisa que precisasse ser mudada, financiar qualquer coisa que precisasse de financiamento e abordar os clientes ou concorrentes que estivessem causando problemas.

As pessoas diziam que o CEO agia como o Scrum Master da equipe de Product Owners. Ele deixava que o Product Owner chefe liderasse os trabalhos, intervindo apenas para remover os impedimentos no mesmo dia. Meu pai conta que a empresa era como um velho e poderoso navio de guerra. A cada semana, os Product Owners reposicionavam os canhões para disparar contra o inimigo. Na semana seguinte, outro alvo. Dentro de um ano, a PatientKeeper não tinha mais concorrência. Muito do trabalho deles tornou-se a desinstalação dos produtos de seus concorrentes, hospital após hospital. A receita aumentou 400% em um ano.

Meu pai então decidiu se concentrar em tempo integral em treinar pessoas para executar o Scrum, fundando a Scrum Inc. A pessoa que ele deixou no comando continuou fazendo com que as equipes entrassem em novos hospitais a cada sprint, sem parar. Alguns anos depois, essa pessoa foi embora e o CEO contratou um novo diretor de tecnologia que não entendia o Scrum. Depois de um mês, as equipes não conseguiam mais entregar nada. O CEO então decidiu assumir o departamento ele mesmo e voltar ao método em cascata. As entregas se tornaram longas e dolorosas. A receita caiu pela metade. A PatientKeeper sobreviveu a duras penas por mais alguns anos, mas é um bom exemplo de uma grande empresa sendo arruinada por práticas antigas.

Jeff acha que o motivo para a derrocada é que os novos funcionários não apenas não entendiam o Scrum, mas também não compreenderam como a organização precisava melhorar constantemente para manter o ritmo. Ele percebeu que a empresa desabaria e os alertou. Mas as pessoas na gerência esperavam que o Scrum simplesmente continuasse funcionando. Se não funcionasse, não seria culpa delas, mas dos desenvolvedores. E então, é claro, os desenvolvedores começaram a sair.

Já vi isso acontecer algumas vezes. Um executivo implementa algo novo em um departamento ou mesmo em toda a empresa, mas não tem o apoio do topo. E, quando ele é promovido para outra divisão ou troca de emprego, a nova maneira de trabalhar se desfaz. A liderança muitas vezes fica chocada com isso. Como é possível ter as mesmas pessoas fazendo a mesma coisa e, de repente, a maneira como trabalham simplesmente parar de funcionar? Isso acontece porque eles não internalizaram a mudança para o Scrum, nem para a organização nem para si mesmos. Por outro lado, os liderados raramente são surpreendidos pelos ventos da mudança gerencial – já passaram por isso antes.

As implementações mais eficazes do Scrum são aquelas nas quais as camadas mais altas de liderança da empresa mudam a si próprias. Apostam todas as fichas nisso e transformam-se pública, financeira e operacionalmente em uma organização capaz de operar nessa nova era de mudanças aceleradas. O Scrum precisa se tornar o padrão de como realizar o trabalho, de cima para baixo. Aprimore de forma constante *o que* você está fazendo, não a maneira *como* o faz. Se o "como" muda cada vez que um novo diretor entra pela porta, você na verdade não transformou nada, estava apenas fingindo.

## *Não é para mim, é para eles*

Muitas vezes, o Scrum é implementado em um único departamento – em geral, em um lugar com um problema, que costuma ser bem sério. Esse departamento começa a trabalhar mais rápido e as pessoas percebem. *Problema resolvido*, pensa a liderança. Ótimo. Mas outras partes do negócio não mudam. Continuam lançando requisitos, ordens e projetos como granadas, sem levar em consideração os danos que estão causando. Não refletem se essas tarefas realmente deveriam ser feitas, qual é sua importância em relação a outras tarefas nas quais as pessoas estão trabalhando ou se são viáveis.

Acontece que o restante da organização, incluindo a liderança, também tem que mudar sua maneira de pensar sobre o modo como trabalha. Há alguns anos, uma das grandes empresas de petróleo com a qual trabalhamos estava substituindo toda a infraestrutura de relatórios de segurança. Era uma grande empreitada. Eles vinham tentando fazer isso há anos e projeto após projeto tinha fracassado. Por fim, foram capazes de convencer duas executivas muito ambiciosas de diferentes partes da organização a tentar mais uma vez. Era fundamental que fosse feito, e as duas enxergaram a oportunidade. *Se corrigirmos esse problemão, o céu será o limite.*

Uma delas recebeu uma cópia de *Scrum: A arte de fazer o dobro do trabalho na metade do tempo* e se convenceu de que era a única maneira de realizar aquilo. Alguns colegas da Scrum Inc. e eu fomos até lá, treinamos o pessoal e lançamos várias equipes Scrum. As coisas começaram a correr muito bem e muito rápido. Mas o projeto sempre esbarrava numa questão: a outra líder da empresa. Embora adorasse os resultados que estava obtendo, ela não conseguia entender que precisava mudar o próprio comportamento. Continuava a gerenciar o grupo do mesmo jeito que tinha gerenciado grupos no passado.

Como o Scrum é ótimo em revelar problemas, logo ficou claro que o processo de tomada de decisões dela era um deles. Estava atrasando as equipes. Em dado momento, isso ficou claro também para ela, que acabou mudando, mas foi preciso que o problema e o custo daquele comportamento se tornassem visíveis.

Por fim, o projeto foi finalizado no prazo e todos foram promovidos. A outra líder, a pessoa que nos convidou a trabalhar com a empresa, aproveitou esse sucesso para convencer seus chefes de que o Scrum não deveria ser usado apenas para projetos de software – deveria ser aplicado em qualquer projeto, fosse cavar um poço, montar uma plataforma de petróleo ou transportar óleo através de um oleoduto. O Scrum daria uma vantagem tão grande que eles precisavam usá-lo. E assim o fizeram.

O primeiro passo que ela deu, porém, foi garantir que os próprios líderes entendessem como teriam que mudar.

## Dívida organizacional

### Não enxugue demais

Os princípios Lean, também conhecidos como os princípios do pensamento enxuto, são fantásticos. Basicamente, são a tradução ocidental dos fundamentos do Sistema Toyota de Produção: elimine todo e qualquer desperdício do sistema. Eles foram listados da seguinte maneira pelo Lean Enterprise Institute:

1. Especifique o que é valor do ponto de vista do cliente final, por família de produtos.
2. Identifique todas as etapas no fluxo de valor para cada família de produtos, eliminando, sempre que possível, as etapas que não criam valor.
3. Faça com que as etapas de criação de valor ocorram numa sequência firme, para que o produto flua tranquilamente em direção ao cliente.

4. À medida que o fluxo é introduzido, deixe que os clientes extraiam valor da próxima atividade na sequência.
5. Conforme o valor é especificado, as fontes de valor são identificadas, as etapas desperdiçadas são removidas e o fluxo e a extração de valor são introduzidos. Comece o processo novamente e continue até que seja alcançado um estado de perfeição no qual um valor perfeito seja criado sem desperdício.

Quando aplicado corretamente, o pensamento enxuto aumentará drasticamente a entrega de valor e removerá o desperdício que atrasa sua empresa.

O problema é que, se você enxugar demais as coisas, poderá diminuir de forma radical sua capacidade de inovar. Vi algumas empresas se tornarem incrivelmente rápidas em produzir algo com o menor número de pessoas necessárias. É impressionante. Mas não sobra espaço para fazer outra coisa *exceto* produzir o que está sendo produzido no momento.

Essas empresas focam no *kaizen*, aquelas mudanças incrementais que aprimoram um sistema ou uma equipe; a melhoria contínua. Isso é ótimo, mas elas se concentram apenas no processo atual, na maneira atual de fazer as coisas. Não param para pensar se essa ainda é a maneira certa de fazer as coisas ou a coisa certa a fazer.

Um aspecto fundamental do Sistema Toyota de Produção é o *kaikaku*, ou mudança radical. Ele permite mudar todo o negócio: novos produtos, novas estratégias, novas ferramentas. Isso pode ser feito em resposta ao deslocamento de forças no mercado, como quando o iPhone foi lançado e todos de repente queriam ter smartphones em vez de apenas celulares. Mas também pode ser conduzido internamente. Em geral, com as mudanças incrementais do *kaizen*, esses pequenos passos se estabilizam. Não trazem mais grandes melhorias. E aí você implementa um projeto para mudar *tudo* – cria uma folha em branco, vira uma nova página, como desejar. O que você quer é uma melhoria radical.

No entanto, se você é enxuto demais, se reduziu tudo até o mínimo necessário, não há folga, nem tempo, nem recursos para inovar. Uma empresa que conheço se tornou a única fornecedora de um componente-chave no iPhone. Ganhou milhões de dólares com isso. Então a Apple quis algo diferente que exigia uma abordagem completamente nova. Essa fornecedora, porém, tinha tornado seu sistema tão enxuto que levou meses para dar conta dessa abordagem. Sabe o que aconteceu? A Apple fechou com um fornecedor diferente, que conseguiu se mexer mais rápido.

Uma empresa enxuta é ótima, mas, se você for longe demais, acaba virando uma empresa incapaz de mudar.

### Não deixe que as ferramentas ditem o processo

Existem muitas ferramentas Scrum por aí, como softwares que gerenciam o backlog e acompanham o progresso. Sou apresentado a um novo pelo menos uma vez por semana e já usei quatro diferentes ao longo dos anos. Cada ferramenta possui suas peculiaridades. Algumas querem que você calcule quantas horas cada tarefa levará. Outras incluem relatórios, mas não o tipo de relatório que queremos. Ou exigem uma interação desajeitada com o sistema para fazê-lo funcionar.

Vejo que as equipes ficam amarradas tentando fazer o Scrum da maneira que a ferramenta pede, mesmo quando essa maneira não condiz com a realidade. Ora, a ferramenta foi construída tendo em mente certo modo de trabalhar, e é muito provável que você precise de algo diferente.

Existe um jeito de melhorar isso. Entendo que você provavelmente precisará usar alguma ferramenta, mas, antes de usá-la, cole alguns post-its na parede durante os sprints e descubra como sua equipe funciona melhor. Pode ser algo tão simples quanto a forma como você indica que algo está pronto para ser mostrado ao Product Owner. Ou talvez existam dependências do trabalho de outras equipes que você precisa tornar visíveis de alguma forma, para que elas saibam quando estão segurando seu trabalho.

Somente depois de fazer isso é que você recorre à ferramenta. Assim, fará com que ela funcione da forma que você trabalha, ignorando alguns recursos e usando outros para coisas talvez diferentes daquelas para as quais foram planejados, mas que funcionam melhor para sua equipe. Faça os robôs trabalharem para você, não o contrário.

# O "como" importa

## *Culto ao Scrum*

Vanuatu, no Pacífico Sul, é um país formado por aproximadamente 80 ilhas, espalhadas por cerca de 1.300 quilômetros. Uma delas é Tanna, onde, no dia 15 de fevereiro, é celebrado o Dia de John Frum. John Frum é o messias que virá e salvará todos eles com riquezas na forma de mercadorias. Espere que já vou explicar.

Durante a Segunda Guerra Mundial, essa nação insular foi ocupada pela Marinha dos Estados Unidos. Eles abriram estradas na selva, construíram bases e campos de pouso e estabeleceram quartéis. Em dado momento, cerca de 400 mil soldados estavam instalados lá. E eles levaram mercadorias consigo – centenas de milhares de toneladas de suprimentos e materiais que inundaram a nação como um tsunami de abundância. Assim nasceu a figura de John Frum: "Oi. Eu sou John dos Estados Unidos. Quer uma barra de chocolate?"

Então a guerra terminou e os americanos partiram, abandonando suas bases e campos de pouso e interrompendo o fluxo aparentemente interminável de mercadorias que chegavam de avião ou eram descarregadas nos cais. John Frum foi absorvido pela religião local, tornando-se o messias que traria as mercadorias de volta. Para convocar John Frum, os ilhéus construíram réplicas de pistas de pouso na selva, com luzes e uma torre feita de madeira ou galhos ou qualquer material local que pudessem encontrar. Eles acreditavam que, se realizassem esse ritual de modo fervoroso e correto, John Frum retornaria. Ainda hoje eles pintam "USA" no peito e dançam uma imitação de uma formação militar com armas de madeira, mantendo esses peculiares cultos.

Esse tipo de ritualização também pode acontecer em torno do Scrum, e já vi isso de perto. As pessoas seguem os movimentos, tratam o Guia do Scrum como uma escritura sagrada e parecem acreditar que o único objetivo do Scrum é o próprio Scrum. Ando por "salas Scrum" que são coloridas e bem iluminadas e parecem divertidas, até que pergunto o que as equipes estão entregando a cada sprint. Então todo mundo fica um pouco desconfortável.

Um de nossos grandes clientes, uma empresa com cerca de 50 mil funcionários e 70 milhões de clientes, decidiu pegar todas as pessoas que eram gerentes de projeto e torná-las Scrum Masters.

Com a verdadeira crença e o fervor dos recém-convertidos, esses gerentes de projeto abraçaram o Scrum um pouco de mais e o tornaram estranho. Assistiram às aulas, leram os livros, foram a conferências, aprenderam jogos Ágeis, conversaram muito sobre o que realmente significa ser um líder servidor. E foram trabalhar. Organizaram eventos e usaram quantidades imensas de post-its. Assim como aqueles que oram pela volta de John Frum, confundiram rituais e encenação com ação.

Ninguém ouvia esses novos Scrum Masters. Nas reuniões, eram totalmente ignorados. Eles eram vistos como apêndices inúteis, ocupando tempo, espaço e dinheiro sem oferecer resultado.

A razão pela qual isso aconteceu foi que a descrição de sua função era literalmente "Facilitar eventos do Scrum". Só isso. Não havia expectativas de que eles fizessem mais nada. Eram administradores que realizavam reuniões. Nenhum deles entendeu o *porquê* do Scrum, apenas o *como*.

Eles não pareciam compreender que o Scrum é uma maneira de entregar coisas. Sim, a vida das pessoas será melhor; espera-se que todos se tratem com respeito e que o trabalho seja mais divertido. Mas, como eu disse antes, a única razão pela qual um Scrum Master existe é a velocidade. E eles não entenderam isso.

"Você deve ser um especialista em sua equipe", foi o que McCaul Baggett, da Scrum Inc., me disse quando lhe perguntei como consertar o culto ao Scrum. McCaul é instrutor e a pessoa que chamo quando os Scrum Masters de um cliente precisam de ajuda.

"Para ser um Scrum Master bem-sucedido", disse ele, "você tem que se comunicar constantemente. Essa é a resposta fácil, mas é mais complicado que isso."

O que você precisa comunicar à sua equipe é como vai a qualidade do trabalho e como está o desempenho, usando dados, McCaul completou. Se uma equipe não está melhorando, mostre a eles a velocidade, os compromissos do sprint, como eles estão trabalhando e pergunte como acham que podem melhorar. Você deve acompanhar todos os *kaizen* que criarem e retornar a eles, perguntando: "Ei, isto aqui está funcionando ou não?"

Os Scrum Masters também têm que observar como as conversas estão se desenrolando. McCaul diz que essa é uma mentalidade muito diferente da de um membro da equipe ou de um Product Owner. Um bom Scrum Master não analisa se a equipe está falando sobre a coisa certa, mas se está conversando do jeito certo, porque isso torna as coisas mais rápidas.

Eis como McCaul analisa Scrum Masters: a equipe está melhorando constantemente? Está feliz? Esse é o básico. E eles estão melhorando a empresa? Esse último item é fácil se estiverem removendo impedimentos que atrapalham a equipe. Seu trabalho de eliminar o que os atrasa não afetará apenas a própria equipe, mas também ajudará várias outras e a própria empresa.

Não basta seguir os movimentos. Ritual não é vida real.

## *Não faça um Scrum à la carte*

O Scrum é bem simples – três funções, cinco eventos, três artefatos, cinco valores. Todos são importantes. E, para obter a desejada mudança radical na produtividade, você precisa implementar todos. Eles são interligados e se reforçam mutuamente. Muitas vezes vemos equipes em que um ou mais deles não estão presentes ou estão sendo executados de forma precária.

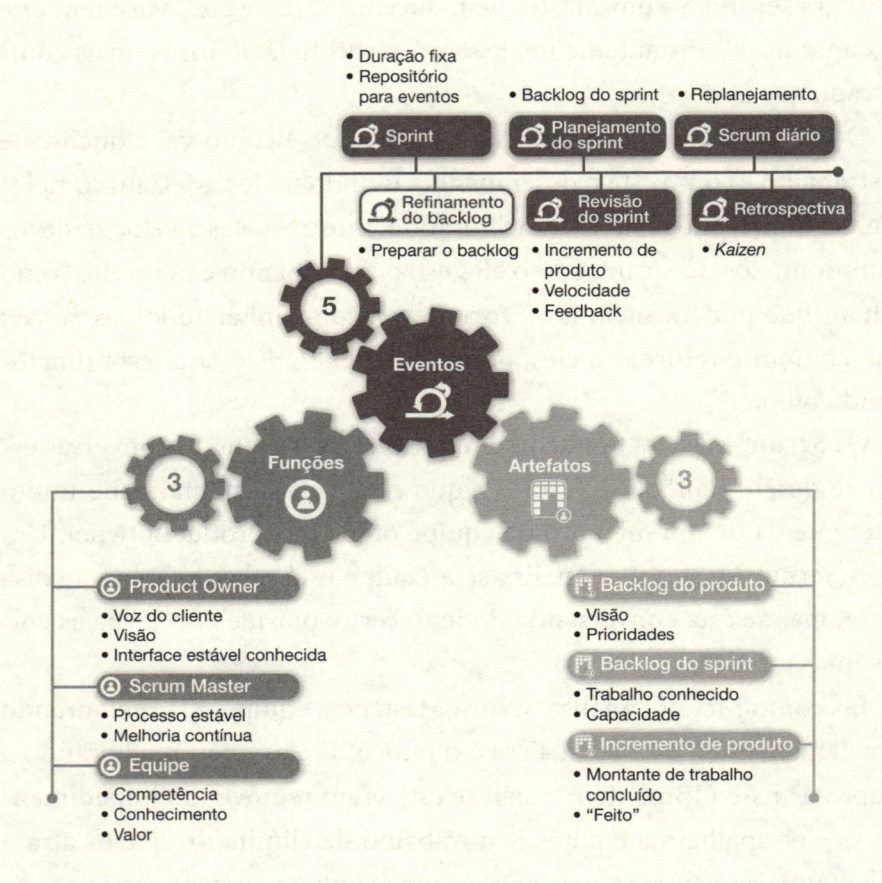

**Eventos (5)**
- Sprint
  - Duração fixa
  - Repositório para eventos
- Planejamento do sprint
  - Backlog do sprint
- Scrum diário
  - Replanejamento
- Refinamento do backlog
  - Preparar o backlog
- Revisão do sprint
  - Incremento de produto
  - Velocidade
  - Feedback
- Retrospectiva
  - *Kaizen*

**Funções (3)**
- Product Owner
  - Voz do cliente
  - Visão
  - Interface estável conhecida
- Scrum Master
  - Processo estável
  - Melhoria contínua
- Equipe
  - Competência
  - Conhecimento
  - Valor

**Artefatos (3)**
- Backlog do produto
  - Visão
  - Prioridades
- Backlog do sprint
  - Trabalho conhecido
  - Capacidade
- Incremento de produto
  - Montante de trabalho concluído
  - "Feito"

Quando pedem para a Scrum Inc. avaliar uma implementação do Scrum ou configurá-la, é para isso que olhamos. Com frequência vemos uma ou muitas equipes sem membros dedicados ou sem um Product Owner em tempo integral, ou sem algum outro elemento básico. Gostamos de montar uma tabela visível de todas as equipes e como (e com que qualidade) cada elemento do Scrum está sendo implementado.

Em geral, colocamos isso em um quadro branco para que seja fácil ver o status de cada equipe. Indicamos como eles estão indo em cada aspecto da estrutura. Estão indo bem? Estão melhorando? Ou as coisas estão indo ladeira abaixo?

Ao simplesmente verificar isso com cada uma das suas equipes, você pode obter uma leitura rápida do status do Scrum em sua empresa. Esse esquema também torna visíveis os impedimentos ao Scrum. Seus Scrum Masters podem usá-lo como base para a lista de impedimentos priorizados. É bom fazer isso a cada sprint, ou até mesmo após cada evento, à medida que você avança. Não demora muito. Ao tornar esses fatores visíveis, você poderá agir rapidamente em vez de descobrir, três meses depois, que uma equipe não entregará o trabalho no prazo porque não tem uma boa lista de pendências por ter começado a pular o refinamento do backlog.

É claro que talvez você não vá ter todos esses elementos em ótima forma o tempo todo. Tudo bem. Comece onde está e trabalhe para melhorar pouco a pouco. Se conseguir apenas realizar um Scrum diário, só isso já vai tornar as coisas visíveis e ajudar no processo. E então você poderá passar a abordar os outros elementos, um a um.

Mas todos eles importam. Todos têm um impacto. E para ter todos é preciso disciplina, foco, monitoramento constante, ajustes e experimentação.

Um fabricante de equipamentos agrícolas fez isso com bastante elegância. No início de sua implementação das práticas Scrum, realizavam apenas alguns dos eventos. Começaram com um Scrum diário. Em seguida, adicionaram o planejamento do sprint e, mais tarde, a revisão do sprint. A pessoa encarregada de liderar a transformação do grupo – oito centros de pesquisa e desenvolvimento em vários países – não agiu agressivamente. Em vez disso, continuou enviando e-mails toda semana sobre a vantagem dessa ou daquela prática, desse ou daquele padrão. A mudança foi lenta, incremental, mas dentro de 18 meses eles haviam multiplicado a velocidade por oito. Mais importante, estavam lançando seus protótipos no mercado muito mais rapidamente. Entregaram valor real ao enfim executar o Scrum do modo correto, mas chegaram lá um dia de cada vez.

## *Não terceirize a competência*

A maioria das grandes organizações com as quais trabalhamos recorre à terceirização. Em algumas empresas, os terceirizados compõem a maior parte da força de trabalho. A propósito, acho isso completamente louco. Mas vamos nos concentrar na parte do Scrum dessa prática. Não é incomum alguém ligar e dizer: "Ei, você tem como conseguir 50 Scrum Masters que possam começar amanhã?"

Imagino até que conseguiria e ganharia muito dinheiro desse jeito. Mas considero uma péssima ideia terceirizar uma competência essencial como o Scrum. Se você quiser realmente se transformar em uma empresa renascentista, o Scrum se tornará fundamental na maneira como você faz o que faz. Se terceiriza a forma como o faz, não está internalizando o conhecimento.

Não estou dizendo que você não deve se inscrever em treinamentos e receber coaching. É provável que precise. Mas certifique-se de que seu pessoal receba também. Você quer ter a capacidade de realizar o Scrum por conta própria. Na Scrum Inc., acreditamos na construção de excelentes empresas que podem integrar, treinar, manter e acelerar suas equipes. Nosso trabalho é desenvolver essa competência para que você não precise de nós. Digo a todos os nossos instrutores e consultores que nossa missão é partir deixando mudanças permanentes como legado. No entanto, o mais importante é partir.

O Scrum é uma estrutura bastante simples, mas tem uma aparência muito diferente em uma empresa de petróleo e gás e em um banco ou laboratório de pesquisa. Existem semelhanças, é claro, mas toda organização, assim como toda equipe, tem a própria cultura e sua maneira de pensar e agir. Um só formato não serve para todos.

Não alugue o talento que tornará sua organização excelente. Desenvolva-o. Torne isso parte de tudo que você faz.

## *Impedimentos à vista de todos*

Anos atrás, eu estava no Vale do Silício visitando alguns dos novos gigantes de tecnologia, mídia social e internet. Dei uma palestra em uma dessas empresas e perguntei ao público: "Qual é o seu maior impedimento? Qual é o fator que mais o atrasa? Qual é a pedra no caminho que deixa todo mundo maluco?"

Uma alma corajosa se levantou e disse: "Há uma fila se formando diante da implementação. Faz oito dias agora. E está crescendo. Em vez de corrigir o gargalo na entrega, nos dizem apenas para criarmos mais recursos."

Perguntei à plateia se isso era verdade. A maioria das pessoas assentiu. Algumas aplaudiram.

Perguntei aos Scrum Masters na sala se eles haviam tornado o problema visível para a gerência. Sim, eles tinham relatado – mas os mandaram ficar calados.

Seis meses depois, essa grande empresa demitiu o CEO, porque as coisas não estavam sendo entregues com rapidez suficiente.

Com frequência, é fácil ver um problema. Mas corrigi-lo pode ser bem difícil. E talvez leve muito tempo para consertar um problema realmente cabeludo. No entanto, você precisa começar a fazer algo para resolvê-lo. Caso contrário, seu pessoal saberá que você não está levando as questões deles a sério.

O que incentivo as equipes de liderança a fazer é ter um quadro de impedimentos à vista de todos. Ele deve ficar em um local de destaque pelo qual as pessoas circulem. A porta da sala do CEO é um bom lugar. Nesse quadro devem estar os impedimentos levantados até aquele nível, uma foto do gerente cuja responsabilidade é consertar cada um e uma maneira de mostrar quantos dias se passaram desde que o impedimento foi levantado até sua resolução. Se você não conseguir colocar esse quadro na porta do CEO, faça você mesmo o acompanhamento.

Uma vez, um velho amigo me ligou pedindo ajuda. Ele estava trabalhando em um grande projeto de jornalismo de alcance nacional, com dezenas de repórteres e editores, e estava empacado. Na verdade, o projeto inteiro estava parado. Eles precisavam de aprovações para algumas coisas e simplesmente não estavam conseguindo. O vice-presidente ou estava ocupado, ou não respondia ao e-mail, ou então dizia que veria a questão depois porque entraria numa reunião muito importante.

Sugeri ao meu amigo que colocasse um quadro em uma parede e usasse post-its para mostrar todo o trabalho que precisava ser feito, destacando aquele único post-it que não se movia e por isso bloqueava todas as outras tarefas. Depois, deveria pegar o celular, tirar uma foto e enviá-la não apenas ao vice-presidente em questão, mas também a todos os outros vice-presidentes, todos os dias, com a seguinte mensagem: "Oi. Estou apenas me certificando de que você saiba que ainda estamos bloqueados. Sua ajuda será realmente apreciada, mas compreendo que esteja com a agenda cheia." Levou três dias para o problema desaparecer.

Corrija os problemas que surgirem, ou pelo menos comece a consertá-los. Mostre às pessoas o que você está fazendo para resolvê-los. Com isso, demonstrará muito claramente seu compromisso de tornar a empresa Scrum.

## Concentre-se no que funciona

### *Product Owners representam sua vida ou sua morte*

Os Product Owners são a interface estável conhecida entre a equipe e o resto do mundo. São incumbidos de e responsabilizados por muita coisa. São eles que decidem do que o mercado precisa e em que ordem e com que rapidez a equipe pode entregá-lo.

Mas o que acontece é que, às vezes, esse trabalho é visto como algo sem importância. Ou a empresa altera o título de analista de negócios para Product Owner mas não altera a descrição do cargo – nada mudou, exceto a nomenclatura. Ou a empresa pega um gerente incrivelmente ocupado e diz: "Ei, você também é Product Owner agora. Mas continue fazendo seu trabalho antigo." Ou um executivo insiste em ser Product Owner mesmo não tendo tempo para interagir com a equipe. Ou um técnico sênior é transformado em Product Owner e não se comunica muito com os stakeholders ou com os clientes.

Se continuar fazendo as coisas do mesmo jeito, você obterá os mesmos resultados de sempre. Bons Product Owners são a chave para um Scrum bem-sucedido.

O Product Owner chefe da Scrum Inc., Patrick Roach, descreve a função da seguinte maneira: "Você está liderando uma expedição ao desconhecido e o sucesso será determinado pelo seu plano. A sobrevivência depende da sua capacidade de inspirar criatividade nas pessoas ao seu redor quando, inevitavelmente, a merda bater no ventilador. É um papel estimulante, com sérias consequências." Sérias consequências, de fato.

É muito triste ter pessoas excelentes fazendo um trabalho realmente incrível, muito rápido, mas fazendo a coisa errada. Ou fazendo do jeito errado. Deixe-me dar dois exemplos. A Nokia Mobile passou do domínio do setor para a irrelevância completa em apenas alguns anos. E eles tinham ótimas e velozes equipes Scrum. Havia até o Nokia Test para ver se você era de fato Ágil ou não, contendo perguntas como: "Quanto tempo duram seus sprints? Você tem um Product Owner? Você tem um gráfico de *burndown*? Tem um backlog priorizado?"

Mas, como em qualquer teste, o resultado pode ser enganoso se tudo que você está fazendo é ticar os quadradinhos. A Nokia tinha ótimas equipes Scrum entregando com uma rapidez incrível. Só que, após o lançamento do iPhone, aquelas ótimas equipes Scrum estavam entregando com uma rapidez incrível *a coisa errada*! Isso porque os Product

Owners não reagiram rápido o suficiente a uma enorme mudança no mercado. O fracasso da Nokia não foi culpa das equipes; foi culpa dos Product Owners.

Outro exemplo. Trabalhei com uma empresa de serviços financeiros para ajudá-los a reconstruir completamente seus sistemas de transações na nuvem. Eles queriam atualizar sua proteção contra fraudes com a mesma velocidade com que os criminosos atualizavam a maneira de cometê-las. O projeto era bem arriscado, porque eles tinham milhões de clientes e muitos milhões de transações por dia, e, se ele não fosse lançado em uma data específica naquele ano, a empresa teria que pagar dezenas de milhões de dólares a um fornecedor terceirizado.

A chave para impulsionar o sucesso desse projeto foi um grupo de Product Owners brilhantes extremamente focados em obter o backlog certo na hora certa. Eles não permitiam qualquer trabalho fora do backlog. Às vezes, me enviavam o gráfico de *burndown* do projeto como um todo. A linha ia se inclinando quase perfeitamente em direção à data em que precisavam fazer a entrega final. E eles entregaram.

Na data estipulada, o novo sistema estava completamente implementado: 600 transações por segundo, tempo de resposta de 50 milissegundos, tempo operacional de 99,9%. E agora eles podem mudar seu modelo de fraude a qualquer momento, sem qualquer emenda. Estão economizando 38 milhões de dólares por ano. Quanto àquele fornecedor, sim, eles o dispensaram, economizando outros 40 milhões de dólares por ano.

Um ótimo Product Owner pode mudar fundamentalmente a trajetória de uma organização. Ele deve ser determinado, capaz de fazer escolhas rápidas com base em informações incompletas. Precisa ter conhecimento, saber o suficiente sobre a área e o mercado para tomar decisões informadas. Tem que estar disponível tanto para a equipe quanto para o cliente – sendo uma divisão de 50/50 do tempo uma boa regra geral. Se ele não conseguir fazer isso, pode ser um stakeholder, mas não um Product Owner. Product Owners devem ter o poder de agir, com liberdade e autoridade para fazer boas escolhas, apoiados pela liderança. Por fim, devem ser responsabilizados, pois o sucesso do que sua equipe estiver realizando depende deles.

## Saiba o que precisa e não precisa acontecer

Dave Slaten, um dos nossos Product Owners na Scrum Inc., já viu muitas organizações morrerem por uma atuação fraca de Product Owners, por isso desenvolveu um kit de ferramentas para ajudar a consertar isso. A parte que quero compartilhar aqui é a que considero a mais importante para um Product Owner: o que *não* fazer.

Dave realiza um exercício que chama de "mapa de alinhamento". Ele começa fazendo com que os Product Owners saiam da sala (afinal, eles devem gastar apenas 50% do tempo com a equipe) e anotem as coisas mais importantes nas quais querem que as equipes trabalhem. Depois que os Product Owners saem, os membros da equipe devem anotar aquilo em que realmente estão trabalhando. Então Dave reúne todos de novo e faz com que comparem suas anotações. Na grande maioria das vezes, ele diz, as equipes estão trabalhando em algumas das principais prioridades. Mas uma parte significativa do que estão fazendo tem baixa prioridade, coisas que ninguém quer de fato.

O conserto, Dave observa, é simples. Ensine os Product Owners a pensar nos itens do backlog de uma maneira diferente. Eles precisam deixar claro o que é necessário nesse momento específico, o que Dave chama de entrega mínima. Quando os itens do backlog são escritos corretamente, o que o Product Owner e os membros da equipe anotam se alinhará perfeitamente. Esse exercício mostra isso ao enfatizar a necessidade de critérios de consenso escritos especificamente para responder a uma questão simples: "Saberei que isso está feito quando..."

Como Dave explica, critérios de consenso bem elaborados "não dizem à equipe o que eles precisam fazer acontecer", mas deixam claro "todas as coisas que não precisam fazer acontecer". Decidir o que não fazer é muito mais importante do que decidir o que fazer. Construa apenas o necessário agora, neste sprint. Não tudo de uma vez só.

## *Os dados não se importam com a sua opinião*

Um dos momentos mais estranhos que já vivi nos negócios ocorreu em um conjunto empresarial desinteressante, o tipo de lugar sobre o qual você se pergunta se os arquitetos se orgulham de sua capacidade de alcançar o cúmulo da banalidade.

Enfim, dentro de um desses prédios sem graça havia uma sala de conferências sem graça, notável apenas pelo tamanho. Era grande. Havia 30 ou 40 executivos em volta de uma enorme mesa em forma de U. Era a reunião anual de planejamento para decidir quais projetos iriam realizar no ano seguinte. Eu estava interessado em ver como fariam isso.

Um dos vice-presidentes seniores projetou uma planilha na parede com um monte de projetos. Não havia uma ordem de prioridade, apenas coisas que eles achavam que precisavam fazer. As "grandes pedras", como as chamavam. O vice-presidente sênior olhou ao redor da sala; todos tinham pilhas de papel e laptops abertos com outras planilhas, com seus respectivos assistentes sussurrando vez ou outra em seus ouvidos. Ele disse:

– Muito bem, temos 500 mil horas de trabalho dos funcionários para o ano que vem. Isso inclui contratados e terceirizados. Sarah, você tem o primeiro item desta lista. De quantas horas acha que precisará?

Sarah consultou seus papéis, seu laptop e seu assistente.

– Vinte e cinco mil horas.

Outro vice-presidente perguntou:

– Isso é suficiente? É um projeto complicado.

– Ok, 35 mil – retrucou ela.

E assim a reunião prosseguiu. Não havia justificativa para os números fornecidos. Nenhuma lógica subjacente às estimativas além das suposições que eram feitas na sala. No ano anterior, a propósito, eles tinham conseguido realizar exatamente *uma* de suas 12 "grandes pedras".

Eu sabia que, assim que a reunião terminasse, as equipes de Sarah – qualquer que fosse o número de pessoas que compunham aquelas 35 mil horas, e era provável que elas estivessem em times diferentes espalhados pelo planeta – teriam a responsabilidade de entregar aquele primeiro item da lista. Haveria orçamentos, requisitos e datas agregados a essas 35 mil horas, independentemente da precisão ou imprecisão da estimativa.

Meu colega Joe Justice me contou uma história ainda mais louca sobre um jeito, digamos, ímpar de tomar decisões sobre projetos e orçamentos. Ele estava trabalhando com um fabricante global e foi convidado para a sessão de planejamento para o ano seguinte. Ela aconteceu em um navio de cruzeiro, em um clima festivo e com muita bebida. "Então essas pessoas ligeiramente embriagadas estavam no salão de baile do navio, bebendo muito enquanto decidiam as prioridades para o ano seguinte, os orçamentos e quem seria responsável por qual projeto", contou-me. "Uma coisa completamente insana. Não havia qualquer raciocínio por trás disso, nenhuma lógica, nenhum dado. Apenas um monte de executivos bêbados." E eles estavam decidindo como gastar centenas de milhões de dólares.

Sabe de uma coisa? É provável que essas duas empresas estivessem fazendo o melhor que podiam, já que não tinham os dados corretos.

O Scrum cria grandes quantidades de dados: velocidade, eficiência do processo, métrica da felicidade e muito mais. Mas você precisa usá-los. Saiba a velocidade de suas equipes. Peça às pessoas que farão o trabalho que o estimem. E depois acompanhe o progresso em tempo real, de sprint em sprint. Se o projeto começar a sair dos trilhos, você saberá disso desde o início, então poderá corrigir o curso.

Quando Kim Antelo começou a trabalhar com uma indústria multinacional, eles eram uma organização nada integrada. Cada vice-presidente administrava sua parte do negócio como um feudo próprio. Isso levou diferentes partes da empresa a criar *exatamente* a mesma coisa de forma independente, várias vezes, e a não contar para mais ninguém. Por causa da falta de priorização deles, Kim descobriu, por meio da liderança da empresa, que havia *2 mil* produtos diferentes em desenvolvimento. Eram cerca de dois produtos para cada funcionário.

No intuito de tentar corrigir isso, eles formaram uma equipe de Product Owners para analisar em detalhes o que estavam fazendo. Foram capazes de reduzir aquela lista para 200 produtos em 20 grupos diferentes.

Esses Product Owners se reuniam uma vez por semana para ver em que pé estavam as coisas e falar sobre o que havia acontecido que mudaria suas prioridades. Uma vez por trimestre, decidiam o que continuaria a ser financiado. Eles examinavam a fundo cada produto, compartilhando suas hipóteses baseadas nos dados que fluíam de suas equipes Scrum sobre o que elas pensavam que poderiam entregar. O dinheiro era suficiente apenas para aquele trimestre, então as equipes tinham que voltar alguns meses depois e mostrar o que haviam aprendido, qual era o próximo conjunto de problemas que enfrentariam e quando achavam que poderiam lançar um produto. Só depois recebiam mais financiamento.

Às vezes, eles entendiam que, na verdade, não deveriam estar fazendo algo. Ou que um produto que não consideravam importante era, na realidade, muito importante. Como financiavam seus projetos aos poucos, continuamente, ao longo de um ano, em vez de determinar todo o orçamento no início do ano, quando não sabiam quase nada sobre o que iria acontecer, eles eram capazes de ajustar rapidamente o curso se as coisas começassem a dar errado. Podiam mudar suas prioridades em um nível muito alto, com base em resultados reais, não em suposições cegas. Isso facilitou bastante a priorização em toda a organização, porque estavam usando dados verdadeiros em vez de opiniões para conduzir seu processo de tomada de decisões.

Deixe-me dar outro exemplo do que a transparência pode fazer por você. A CEO de uma empresa de big data com a qual trabalhamos tinha alguns projetos espalhados por dezenas de equipes. E queria saber sobre a velocidade em um projeto específico – não a velocidade das equipes em geral, porque é claro que estavam trabalhando em várias outras coisas.

Dissemos a ela que isso não era um problema. Tudo que precisava fazer era agregar as estimativas das equipes. Então eles marcaram os itens relevantes do backlog com "Projeto Muito Importante". E, em seguida, obtiveram um gráfico de *burndown* para várias equipes, de sprint em sprint. Assim ela conseguiu ver, a cada semana, com que rapidez as equipes estavam realizando aquele projeto em particular.

Apenas para exemplificar, digamos que eles estivessem realizando entre 20 e 25 partes desse Projeto Muito Importante toda semana, durante algumas semanas. A taxa de *burndown* estava ótima e a confiança era alta em relação ao prazo. Mas algo estranho aconteceu. Enquanto a CEO acompanhava o progresso semana a semana, os números permaneceram bons por um tempo e depois caíram drasticamente durante alguns sprints. O que estava acontecendo? Afinal, aquela era a prioridade da CEO. Então examinamos a questão. Na verdade, um executivo havia priorizado outra coisa para aquelas equipes, diminuindo sua velocidade no Projeto Muito Importante.

Como ficou sabendo disso meses antes da data estipulada de lançamento, a CEO pôde agir e fazer com que aquela curva voltasse à direção correta. Pela primeira vez, ela se sentiu capaz de dirigir sua organização e saber o estado das coisas com as quais se importava. Não precisava de relatórios de status ou apresentações de PowerPoint que diziam que o projeto estava indo como esperado, tudo verde, até duas semanas antes do prazo, quando ficava vermelho. Não precisava de opiniões ou relatórios cuidadosamente elaborados – ela tinha *dados*.

Com o Scrum, você obtém muitos dados. Pode experimentar e ver os resultados rapidamente. Um sistema empírico significa inspeções e adaptações constantes: sondagem, reação, avaliação, sondagem, reação, avaliação. É importante que você faça isso em tempo real, tanto no nível das equipes quanto no nível da organização. De certa forma, é uma rede de segurança. Você não arrisca centenas de milhões de dólares em um projeto que dura um ano – faz isso apenas por um sprint. E pode mudar de ideia a qualquer momento, conforme as condições mudam.

O lado bom do fato de a maioria das organizações ser mal administrada é que é fácil obter um grande impacto muito rápido. Já falei de alguns destes pontos antes, mas quero reuni-los em um só lugar para que sejam fáceis de encontrar. Estas são as coisas que aumentarão radicalmente a velocidade de uma equipe quase da noite para o dia:

- ❑ *Equipes estáveis*. Leve projetos às pessoas, não pessoas aos projetos.
- ❑ *Previsão de ontem*. Comprometa-se a fazer apenas o que fez da última vez.
- ❑ *Equipes dedicadas*. A alternância de contexto entre as equipes não faz bem.
- ❑ *Scrum diário*. Todo dia, no mesmo horário e no mesmo local.
- ❑ *Amortecedor de interrupções*. Tenha um plano para o inesperado.
- ❑ *Equipes pequenas*. Três a nove pessoas é o ideal. Aumente e a desaceleração será drástica.
- ❑ *Backlog pronto*. Tenha clareza sobre o que precisa ser feito.
- ❑ *Casa arrumada*. Não deixe um defeito passar de uma estação para outra.
- ❑ *Swarming*. Não tenha um único ponto de falha.
- ❑ *Feito, feito*. Ao final de cada sprint, o trabalho está completa e totalmente feito.
- ❑ *Localização*. Todos devem estar fisicamente próximos uns dos outros.

Se você não tem todos esses itens, comece com um. E pouco a pouco, de sprint em sprint, de *kaizen* em *kaizen*, avance em direção ao objetivo de tê-los todos. Talvez não seja possível. Pode haver coisas que estão simplesmente fora de seu controle. Tudo bem.

Como você faz o que faz é importante. Se decidir não fazer algo, precisa saber o custo da decisão que está tomando. Com muita frequência, isso não é visível, mas você deve ver as coisas como elas são, porque, se não for capaz de enxergá-las, se não puder falar sobre isso, se não puder questionar, não conseguirá consertá-las.

E quero que você conserte, de verdade. Meu desejo é que todo o potencial das pessoas seja liberado. Depois de transformar aceitação em ação, passivo em poderoso, o mundo em que você trabalha nunca mais será o mesmo.

Espero viver em um futuro em que o desperdício de potencial humano seja visto como a tragédia desnecessária e descabida que de fato é. Quero me surpreender com o que estamos criando.

E você pode fazer isso. O que você decide é uma escolha. O futuro não está escrito.

## RESUMO

***Cuidado com os antipadrões.*** Já ouviu alguém dizer "Vou encontrar uma lista das piores práticas e segui-las"? Claro que não. Nem toda implementação Scrum funciona. Às vezes elas falham. A parte interessante é que, quando falham, em geral isso ocorre pelas mesmas razões.

***O problema com o Scrum à la carte.*** Sim, mesmo um Scrum ruim ou parcial pode aumentar a produtividade, mas só até certo ponto. O Scrum é bem simples — três funções, cinco eventos, três artefatos, cinco valores. Todos eles são importantes. E, para obter a desejada mudança radical na produtividade, você precisa ter todos. Eles são interligados e se reforçam mutuamente.

***Liderança.*** As implementações mais eficazes do Scrum são aquelas nas quais o topo da liderança muda a si mesmo. Aposta todas as fichas na mudança. O Scrum precisa se tornar o padrão de execução do trabalho, de cima para baixo, porque, se você não construir uma nova maneira de fazer as coisas que se torne o padrão de funcionamento de sua empresa, tudo poderá desmoronar em um piscar de olhos. Acabará com algo que não é Ágil, mas frágil.

***Dados, não opiniões.*** O Scrum cria grandes quantidades de dados, mas é preciso usá-los. Você pode experimentar e ver os resultados rapidamente. Um sistema empírico significa inspeções e adaptações constantes: sondagem, reação, avaliação, sondagem, reação, avaliação.

***Não terceirize competência.*** Não alugue o talento que tornará sua organização excelente. Desenvolva-o. Torne isso parte de tudo que você faz. Se terceiriza como fazê-lo, você não internaliza o conhecimento.

## BACKLOG

- Identifique quantos antipadrões você ou sua organização praticam atualmente. Escreva cada um em um post-it e cole-os em uma parede. Só remova o post-it quando tiver removido o padrão.

CAPÍTULO 9

# A empresa renascentista

Quando Eric Abecassis se tornou diretor de TI da Schlumberger, em janeiro de 2017, teve um desses problemas que podem alavancar ou destruir uma carreira. A Schlumberger já tinha investido uma quantia considerável em um projeto que impactaria o futuro da empresa: uma modernização crucial de seus sistemas de TI. Apesar dos recursos investidos, o projeto estava enfrentando desafios significativos.

Ele decidiu que era hora de fazer algo mais radical. Foi quando ligou para a Scrum Inc. buscando formas mais ágeis de trabalhar. Abecassis explicou seu raciocínio à gerência executiva da Schlumberger da seguinte maneira: "O experimento com o Scrum durará apenas alguns meses. Mas, se formos bem-sucedidos, será um grande avanço em termos de eficiência." O impacto seria sentido em toda a empresa, não apenas na parte administrativa. Tinha o potencial de afetar profundamente a maneira como a empresa fazia as coisas.

## O nascimento de um gigante silencioso

A Schlumberger é uma dessas empresas das quais ou você nunca ouviu falar, ou se assusta com sua onipresença. Basicamente, se existem poços de petróleo e gás sendo perfurados em algum lugar do mundo, há grandes chances de que eles estejam envolvidos nisso. Não são donos dos reservatórios – estes pertencem às grandes empresas de petróleo e gás –, mas possuem a tecnologia e a experiência para fazer a extração. Eles entregam produtos e serviços em mais de 120 países e empregam aproximadamente 100 mil pessoas de cerca de 140 nacionalidades.

A empresa foi fundada em 1926 por dois irmãos, Conrad e Marcel Schlumberger. Eles inventaram a técnica conhecida como perfilagem elétrica de poços, algo tão básico para o ramo de petróleo e gás que é justo dizer que o tamanho e o escopo da indústria não seriam possíveis sem isso. Com a demanda por petróleo aumentando, a Schlumberger também cresceu, sempre investindo muito tempo e muitos recursos em pesquisa e desenvolvimento, permanecendo na vanguarda da tecnologia para o setor.

## Lidando com a complexidade do crescimento

Como muitas grandes organizações, a Schlumberger adquiriu várias empresas menores no século XX. Mas integrar sistemas de TI a partir de aquisições não é tarefa fácil. Em determinado momento, perceberam que possuíam 150 diferentes sistemas legados de TI, rodando em todo tipo de computador, com sistemas operacionais diferentes, e ninguém conseguia ver o quadro todo.

Então decidiram resolver isso. Eles teriam um grande sistema que vincularia todos esses sistemas existentes, o que é chamado de Enterprise Resource Planning System (ERP) ou sistema integrado de gestão empresarial. Um ERP é como os capilares de uma empresa multinacional moderna, com tudo vinculado – dinheiro, matérias-primas, processos administrativos, folha de pagamento, contabilidade, ordens de compra, cadeia de suprimentos, etc. Eles escolheram a SAP, a maior empresa de ERPs, e começaram a fazer com que esse sistema funcionasse para a Schlumberger, personalizando os recursos à medida que avançavam. Era um projeto grande e complexo.

Pouco mais de um ano antes de ser nomeado diretor de TI, Abecassis estava trabalhando na implementação do SAP ERP. Já naquela época esse era um empreendimento enorme, envolvendo 600 pessoas. "Quando voltei 15 meses depois", conta Abecassis, "não eram 600 pessoas, eram 1.300. É impossível coordenar 1.300 pessoas todos os dias."

Então ele olhou para os números de produtividade. Eles estavam produzindo exatamente o mesmo de antes, e com mais que o dobro de pessoal. O acréscimo de pessoas não tinha mudado nada, exceto os custos e a complexidade da organização.

"Precisávamos desesperadamente de uma inovação que nos permitisse trabalhar de forma mais produtiva", explica Abecassis.

## Corrigindo a correção

A Scrum Inc. começou a trabalhar com a empresa pouco antes do feriado de Ação de Graças. Os primeiros sprints foram difíceis. Mas Jim Brady, vice-presidente de arquitetura e governança de TI, diz que a situação logo mudou. Em maio, a produtividade havia aumentado 25%. "Foi uma mudança muito rápida que teve impacto. E reduzimos o número de terceirizados em 40%. Portanto, embora não fosse o dobro do trabalho com metade das pessoas, estávamos claramente nessa trajetória."

Abecassis diz que agora já reduziu os custos de todo o projeto em 25%. E eles ainda não terminaram. "Acho que podemos continuar melhorando", afirma. "Definitivamente, é possível chegar a 30% a 40% de economia de custos e 30% a 40% de melhoria da produtividade. Estamos em um caminho muito bom."

A implementação do SAP ERP na América do Norte, o maior mercado da Schlumberger, foi lançada em abril de 2019 como um produto totalmente funcional. Conseguiram isso apenas mudando a forma como estavam trabalhando.

## Um jeito diferente de pensar

Como afirmou o grande guru da administração Peter Drucker: "Qualquer coisa que contradiga o que passamos a considerar uma lei da natureza é rejeitada como insensata, prejudicial e obviamente anormal."[1] Haverá resistência à mudança, sem dúvida. Mesmo em face da destruição completa.

Você tem que estar preparado para isso. Precisa ter um plano. Deve internalizar que, depois que agir, haverá atrito e resistência. Na Schlumberger, a mudança envolvida na adoção de práticas Scrum foi desafiadora para algumas pessoas.

O plano de Abecassis para conduzir a transformação em sua organização consistia em converter aqueles que poderiam ser convertidos. E, quando viram o impacto que poderiam ter e a oportunidade de efetuar mudanças reais, todos entraram no barco.

Quando começar a praticar o Scrum, espere resistência. Haverá forças atuando contra você. Pode ser algo totalmente fora de seu controle – o cliente muda de ideia, seus concorrentes fazem algo diferente, novas tecnologias surgem. Ou os desafios podem ser internos – seu pessoal, problemas de fabricação, o tamanho do orçamento.

Uma empresa de cartões de crédito com a qual eu estava trabalhando enfrentou problemas. As equipes Scrum foram bem-sucedidas; portanto, outros grupos começaram a tentar roubar os membros das equipes, levando os melhores para seus departamentos. Você pode imaginar o impacto nas equipes Scrum e no humor da empresa. É preciso descobrir uma maneira de proteger suas equipes Scrum dos "anticorpos institucionais" que podem tentar atacá-las.

Uma maneira comum de fazer isso é implementar um sistema operacional duplo. De um dos lados de uma linha muito brilhante, você tem suas equipes Ágeis; do outro lado, sua hierarquia tradicional. O segredo é configurar interfaces claramente definidas entre os dois.

Deixe-me dar um exemplo. A Markem Imaje fabrica produtos para rastrear, identificar e rotular tudo, de cosméticos a doces e laticínios. Grande parte de sua linha de produtos consiste em impressoras industriais de altíssima velocidade, como as que imprimem datas em embalagens de alimentos. A empresa está no mercado há mais de 100 anos. Durante décadas, toda vez que lançavam uma nova impressora, eles precisavam montar uma central de atendimento especial e formar uma força-tarefa de especialistas para resolver rapidamente todos os defeitos da nova geração dessas impressoras industriais. Era um processo doloroso. Havia clientes insatisfeitos. O processo era exaustivo para toda a empresa e também afetava o lado financeiro – depois de uma série de lançamentos de produtos malsucedidos, os clientes ficam um pouco menos dispostos a comprar o seguinte.

Alguns anos atrás, a Markem Imaje reuniu equipes para fabricar sua impressora de última geração, incluindo pessoal de software, eletromecânica, química, marketing, vendas, fabricação e controle de qualidade. Eles criaram uma pequena unidade de negócios. Um sujeito chamado Chris Sullivan chamou a Scrum Inc. para ajudar na transição das equipes de software para uma nova maneira de trabalhar. Ele queria alta qualidade rápido e imaginou que pelo menos as equipes de software aceitariam o Scrum. Essa parte funcionou, mas o resto das equipes mostrou resistência.

Elas não entendiam os benefícios ou não viam motivo para mudar a forma como sempre tinham trabalhado. "Tudo bem", disse Chris a elas. "Mas há algo que quero que façam. Quero 15 minutos por dia com representantes de cada grupo – com os líderes, as pessoas que podem mudar as coisas. Apenas 15 minutos. Haverá um Scrum diário escalonado, para que possamos nos coordenar." Ele conta que o processo foi muito desconfortável no começo. As pessoas relutavam em compartilhar os problemas que estavam enfrentando. Mas teve um enorme impacto. As equipes passaram a se comunicar rapidamente e reduzir o tempo necessário para tomar decisões – problemas que antes levariam meses até se tornarem visíveis eram resolvidos em horas. Coisas como, digamos, se o pessoal da eletromecânica mencionasse de passagem que estava mudando ligeiramente o formato do bico por algum motivo de design, o pessoal da química diria: "Ainda bem que nos disseram isso agora. Vamos ter que mudar a viscosidade da tinta."

Enquanto se preparava para lançar a nova impressora, o pessoal na Markem Imaje ficou nervoso. *Aqui vamos nós mais uma vez*, pensou a gerência. Montaram a força-tarefa, alocaram funcionários à central de atendimento especial e então lançaram a nova impressora. Ficaram esperando. Mas o telefone não tocou. Quando enfim alguém ligou, meses depois, era um cliente satisfeito querendo um pequeno aprimoramento.

Pela primeira vez em 100 anos, eles tiveram um lançamento sem defeitos. O responsável pela fabricação da Markem Imaje disse a Chris mais tarde: "Eu estava relutante no início, mas o Scrum diário escalonado foi a principal razão pela qual este é o melhor lançamento da nossa história."

## Vivendo a mudança

Quero falar um pouco mais sobre uma das equipes Scrum da Schlumberger, a responsável pela conversão dos dados daqueles 150 sistemas legados em todas as posições da América do Norte. Seu objetivo era ter 70% dos sistemas legados convertidos em cada local. O máximo que já tinham conseguido era 17%.

Quando o Scrum foi implementado, eles tiveram as mesmas dificuldades de muitas outras equipes. Estavam afastados geograficamente, com membros da equipe nos Estados Unidos, na França e na Índia. Tinham acesso limitado a especialistas no assunto, que precisavam trabalhar em mais de uma equipe Scrum ao mesmo tempo. E simplesmente não havia pessoal suficiente. Foi difícil.

Alexandra Uriarte, uma instrutora e coach da Scrum Inc. que trabalhou com a equipe por meses, me disse que as peças essenciais eram o Scrum Master e o Product Owner, que trabalhavam em tempo integral apenas com a equipe Scrum. O Product Owner, Walter, conta que, depois de serem treinados por Alex, eles tomaram uma decisão: "Nós queríamos muito pôr em prática tudo que aprendemos em nosso treinamento. Sabíamos que a forma como estávamos operando não funcionava."

Eles fizeram o que podiam. Começaram com sprints de uma semana. Para sua surpresa, o ciclo de feedback mais curto teve um impacto enorme. Em apenas sete sprints, dobraram a velocidade. Descobriram que, quando organizavam o trabalho em pequenas partes que poderiam ser executadas em períodos curtos, toda a equipe era capaz de se concentrar nelas, fazendo o *swarming* e trabalhando em conjunto para encontrar problemas e descobrir soluções rapidamente.

Alex verificava o ânimo da equipe a cada duas semanas. O Scrum Master passou a usar a métrica da felicidade nas revisões. Alex conta que eles descobriram que o ânimo era um indicador não apenas da quantidade de coisas que eram feitas, mas também da *qualidade* do trabalho. Os altos e baixos e as dores do crescimento da equipe se refletiam em sua métrica da felicidade. Quando a métrica caía, a quantidade e a qualidade também sofriam. Quando aumentava, a velocidade e o desempenho também subiam.

Eles decidiram aproximar geograficamente os membros da equipe sempre que possível. Mesmo que nem todos pudessem estar juntos, os funcionários nos Estados Unidos decidiram que tentariam. Até então, eles ainda trabalhavam nos cubículos que haviam recebido antes de serem alocados a uma equipe Scrum. Walter os encorajou a ocupar uma grande sala para que pudessem trabalhar lado a lado. Não foi uma grande surpresa quando isso aumentou sua velocidade.

E eles enfrentaram o eterno problema de se comprometer demais. Costumavam incluir mais trabalho em um sprint do que eram capazes de concluir. Para resolver isso, implementaram o padrão "previsão de ontem", sobre o qual escrevi no Capítulo 8: comprometer-se apenas com a quantidade de trabalho que você realmente concluiu no sprint anterior. Isso os fez ir mais rápido. Em vez de se comprometerem demais, começaram a entregar além do esperado.

Nada fala mais alto que o sucesso. Alex diz que o que ela chama de "espírito de equipe" – confiança, amizade, camaradagem – cresceu rapidamente, mesmo à medida que se expandiam. E essa equipe, que nunca tinha terminado o trabalho no prazo, entregou-o com uma semana de antecedência. Dos 17% de integração, passaram para 93%. E decidiram ajudar outros dois países fora da América do Norte, dobrando sua entrega – *no tempo que sobrou!* Eles se tornaram capazes de fazer coisas que pareciam um sonho distante alguns meses antes. Ao todo, levaram cerca de cinco meses para entregar o que nunca tinham feito.

Novamente, quando algo não está funcionando, não são as pessoas, é o processo. Você precisa liberá-las para realizarem aquilo de que são capazes. A capacidade está lá. Você apenas deve extraí-la, saindo do caminho dos funcionários e removendo os obstáculos.

## Scrum@Scale

Assim como as equipes Scrum se auto-organizam e distribuem o trabalho, uma rede de equipes faz a mesma coisa. Como discuti no Capítulo 3, o ideal é deixar as decisões para quem está nas pontas da organização; assim você consegue ganhar escala de forma robusta. Se uma das pontas cair, não é um grande problema. O sistema se torna capaz de curar a si próprio, crescendo, reagindo e mudando conforme o ambiente.

O segredo é ter um conjunto de interfaces estáveis conhecidas pelos componentes de qualquer parte da rede. Lembre-se da equipe do Gripen E na Saab. Eles criaram as interfaces entre cada peça do avião para serem estáveis porém fixas, como peças de Lego. Podiam retirar as peças de uma parte sem afetar o resto do avião. A estrutura organizacional das equipes da Saab era semelhante, com cada equipe, ou equipe de equipes, responsável por um módulo – o pessoal do radar aqui, o pessoal do motor ali e o grupo da fuselagem lá. Assim como os componentes individuais do avião têm interfaces estáveis conhecidas, o mesmo acontece com as equipes. É a lei de Conway em ação. Da mesma forma que você deseja que seus produtos sejam feitos de componentes com pouca interdependência, o ideal é que sua organização seja configurada da mesma maneira. Relatórios, medições e atualizações enviados de um nível para outro são desperdícios. Na verdade, qualquer gerenciamento é desperdício. Em um mundo perfeito, não haveria gerência – apenas equipes gerando valor. Mas vivemos no mundo real, e é preciso alguma estrutura, como eu disse no Capítulo 6 – mas apenas a suficiente, a burocracia mínima viável.

Ao ter essas interfaces estáveis conhecidas, você cria um sistema adaptativo complexo que pode aprender e mudar à medida que cresce. A organização "certa" *emerge* através de ciclos rápidos de inspeção e adaptação. Lembre-se, no entanto, de que a forma dessa organização será diferente para diferentes empresas, porque elas estão fazendo coisas diferentes.

Na Schlumberger, por exemplo, o objetivo era bem simples: reduzir custos e entregar rápido. O objetivo da Stealth Rocket Company de que falei era chegar ao espaço rapidamente. Em uma startup, o dinheiro é importante, mas a entrega é ainda mais essencial, para continuar recebendo novos investimentos. Então elas se concentram na inovação e na agilidade.

A Autodesk, dona de cerca de 85% do mercado de design assistido por computador, quer ser mais Ágil. Eles desejam avançar em direção a design e processos adaptáveis, por dois motivos. O primeiro envolve tornar a Autodesk um lugar em que as pessoas queiram trabalhar, como a Google ou a Saab. Como o líder de Ágil deles me disse há alguns anos:

"Nossa ameaça existencial não é um concorrente direto, são quatro caras em uma garagem que não querem vender o negócio deles para nós." Então pretendem fazer da Autodesk um lugar legal.

O segundo motivo é que a empresa está mudando todo o modelo de negócios. Durante anos, eles dependeram de licenças iniciais caras para seus produtos, como muitas empresas de software. Mas em 2014, quando realmente começaram a acelerar a adoção do Scrum, anunciaram que deixariam de ganhar dinheiro com licenças para ganhar dinheiro com assinaturas. A ideia é criar um relacionamento mais forte com os clientes. A Autodesk começou a fazer isso – e começou a perder dinheiro. Muito dinheiro. Mas seguiram em frente. Então, em 2016, os investidores perceberam e começaram a pensar que era uma ótima ideia. Nos dois anos seguintes, o valor das ações da Autodesk aumentou 121%. O índice preço/lucro passou de 3,50 dólares em 2013 para mais de 13 dólares em 2018.

Esse é um número ótimo, muito melhor que o de seus concorrentes. E eles ainda estavam *perdendo* dinheiro. Em maio de 2018, o site de investimentos The Motley Fool escreveu sobre a questão, dizendo que os investidores não são burros – eles estão vendo o poder da mudança no modelo de negócios do player dominante naquele mercado:[2] "O produto da Autodesk tem o potencial de se tornar mais fácil de entregar e de criar um ciclo de feedback mais curto via nuvem entre o usuário final e a empresa. Isso significa reduzir custos e aumentar a satisfação dos clientes."

Todas essas empresas agora usam o Scrum, mas o empregam com diferentes fins. Isso significa que a arquitetura organizacional também será diferente. Não existe uma maneira única de fazer as coisas que sirva para todos. Em vez disso, você precisa ajudar sua organização a emergir à medida que avança. Não é aleatório, é claro – é necessário ter um ponto de partida –, mas é simplesmente impossível fazer tudo de antemão. Você define as condições iniciais e depois inspeciona e adapta. Organizações, assim como produtos, precisam evoluir rápido.

## Iniciando o Renascimento

Se uma empresa quer se tornar renascentista, precisa *renascer* como um lugar capaz de fazer as coisas rápido, aprender rápido e agir rápido. Para executar o Scrum@Scale, separe o que está fazendo da forma como está fazendo, assim como uma equipe Scrum individual. Eis a representação disso:

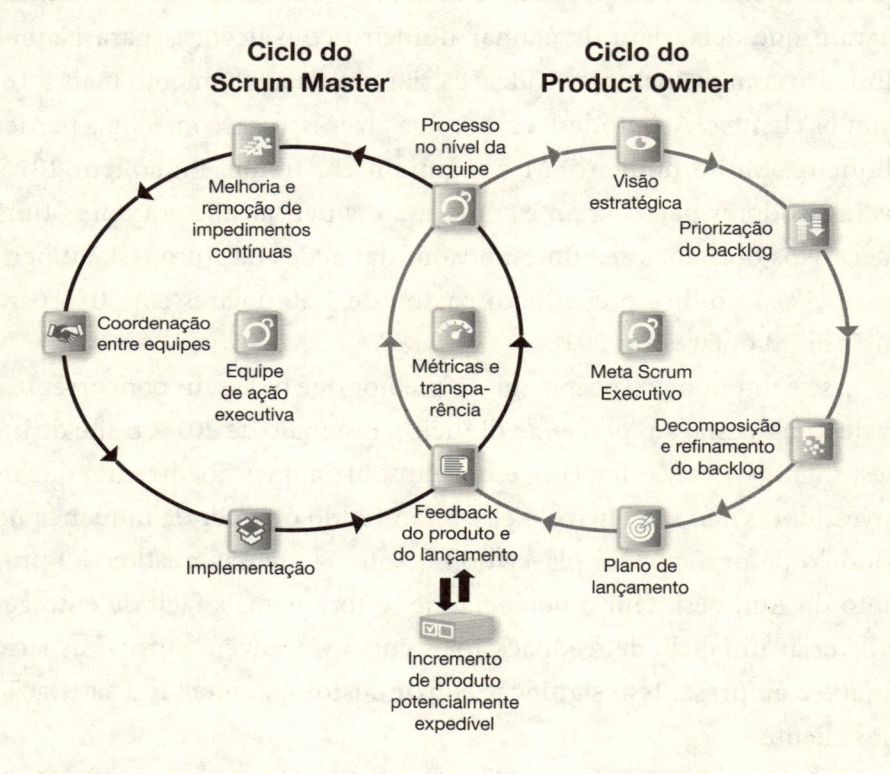

**Ciclo do Scrum Master**
- Processo no nível da equipe
- Melhoria e remoção de impedimentos contínuas
- Coordenação entre equipes
- Equipe de ação executiva
- Implementação

**Ciclo do Product Owner**
- Visão estratégica
- Priorização do backlog
- Meta Scrum Executivo
- Decomposição e refinamento do backlog
- Plano de lançamento

- Métricas e transparência
- Feedback do produto e do lançamento
- Incremento de produto potencialmente expedível

Na Schlumberger, eles estão usando o Scrum@Scale para espalhar o Scrum por todos os países em que operam. "Estamos analisando uma abordagem radical baseada no Scrum com um mecanismo Scrum@Scale, para garantir que tenhamos o controle adequado no centro mas autonomia radical em cada país", explica Jim Brady. "Isso nos permitirá acelerar a implementação e, na verdade, obter ainda mais lucro com os resultados finais."

## O ciclo do Scrum Master

De um lado, você tem o ciclo do Scrum Master. Ele gira em torno da equipe de ação executiva, o grupo de liderança sobre o qual escrevi no Capítulo 6. Os Scrum Masters no nível de equipe se concentram em aprimoramento contínuo, tanto em suas equipes quanto nas equipes com as quais eles precisam se coordenar, identificando dependências e descobrindo como vão finalizar um produto juntos. Eles são responsáveis por tornar tudo visível, tanto os sucessos quanto os fracassos, para que a organização como um todo possa aprender e se adaptar.

Annie Howard, consultora da Bain & Company, ficou intrigada com algumas das histórias do Scrum na Bosch. Por isso, decidiu investigar a questão a fundo e descobrir exatamente o que aconteceu. A Bosch fabrica de tudo, de lava-louças a sistemas de segurança para automóveis, passando por sensores agrícolas e ferramentas elétricas. Emprega centenas de milhares de pessoas. É uma empresa grande e antiga – existe desde 1886. Mas recentemente eles se deram conta de que aquilo que vinha dando certo não funcionaria no século XXI. Com a internet das coisas, perceberam que tudo que criavam teria que estar conectado em algum momento. Para acompanhar as mudanças, precisavam usar o Scrum. Como o CEO da Bosch, Volkmar Denner, disse em 2017: "Para a Bosch, Agilidade é crucial. Isso nos permite responder à crescente velocidade da mudança ao nosso redor. A Agilidade nos possibilita permanecer uma líder em inovação."

Denner e sua equipe resolveram fazer o que mencionei antes: criar um sistema operacional duplo. Em qualquer lugar onde tivessem que inovar, usariam o Scrum; em todas as outras áreas, poderiam permanecer iguais. Mas perceberam em pouco tempo que, para obter os resultados desejados, para se tornar uma verdadeira empresa renascentista, precisavam do Scrum em toda parte. Denner e seu conselho decidiram tornar toda a empresa Ágil. Eles elaboraram um plano de projeto completo com gráficos de Gantt. Estavam tentando implementar o Scrum usando ferramentas em cascata. E depois ficaram surpresos por não obterem os resultados desejados.

Então decidiram mudar completamente a si mesmos e a forma como o conselho diretivo da Bosch funcionava. Denner e seu conselho se estabeleceram como uma equipe Scrum. Passaram a ter um Product Owner e um Scrum Master, para que fossem multifuncionais e realizassem mudanças a cada sprint. Resolveram ter um backlog único para toda a organização de 400 mil pessoas.

O conselho diretivo deixou de se sentar em volta de uma longa mesa de mogno enquanto seus subordinados apresentavam o trabalho. Eles começaram a fazer reuniões em pé. A circular pela empresa. Tornaram o trabalho visível nas paredes. Perceberam que o planejamento e o financiamento anuais os prendiam a prioridades que haviam considerado boas um ano antes e que precisavam mudar com mais rapidez. Passaram a realizar um planejamento contínuo e ciclos contínuos de financiamento. *Reduziram o custo de mudar de ideia.*

Quando os impedimentos e dificuldades começaram a ficar visíveis para a equipe de ação executiva, perceberam outra coisa: os problemas que julgaram ser limitados a uma pequena parte de seu negócio, a um único feudo, eram na verdade endêmicos na organização. Foram capazes de enxergar, pela primeira vez, todo o sistema em vez de apenas se concentrarem nas peças individuais.

Criaram uma lista de princípios que guiariam suas operações e os divulgaram dentro da empresa. Alguns deles são típicos: "Vivemos de acordo com nossos valores" e "Alcançamos excelência". Esse poderia ser o típico discurso corporativo vazio que toda equipe de liderança sênior diz seguir, mas parte do restante da lista é realmente interessante:

- "Criamos autonomia e removemos quaisquer obstáculos."
- "Priorizamos, mantemos as coisas simples, tomamos decisões rapidamente e executamos com rigor."

- "Aprendemos com os erros e os vemos como parte de nossa cultura de inovação."
- "Colaboramos atravessando funções, unidades e hierarquias, sempre focados em resultados."
- "Buscamos e damos feedback, e lideramos com confiança, respeito e empatia."

Os resultados de tudo isso? Bem, eles usaram equipes Scrum para os grupos da Bosch que trabalhavam com a empresa de carros elétricos Tesla. A Tesla é uma companhia incrivelmente rápida e exige o mesmo de seus parceiros. Usando o Scrum, a Bosch reduziu pela metade o tempo de desenvolvimento, adaptando o chassi e os sistemas de segurança para chegar ao tipo de manuseio que a Tesla queria. Na unidade agrícola, um grupo de equipes Scrum está trabalhando em sensores conectados para melhorar o crescimento do aspargo. Essas equipes produziram 10 inovações em quatro semanas em vez da tradicional inovação única ao longo de seis a oito meses. A unidade de casa e jardim tornou-se completamente Ágil. É ela que fabrica ferramentas elétricas. E as equipes incluíam todos, de designers a profissionais de marketing – todas as habilidades necessárias para entregar uma furadeira ao mercado.

Com a criação da equipe de ação executiva no topo, foi possível promover grandes mudanças em uma empresa imensa. Nem sempre é fácil, mas os resultados podem ser notáveis.

## O ciclo do Product Owner

Do outro lado do diagrama da página 214, temos a organização que decide o que fazer. O que devemos construir, entregar, fornecer, pesquisar? E como podemos nos assegurar de que o que estamos fazendo é o que de fato queremos? Como podemos garantir que, no nível da equipe, estamos construindo algo relacionado à nossa visão estratégica? Essas são perguntas a que os Product Owners precisam responder.

Um de nossos clientes constrói sistemas de automação residencial. O aquecimento e o ar-condicionado estão conversando com a campainha, que está conversando com o sistema de segurança, que está conversando com as luzes. Então, em um nível alto, eles tinham uma visão para todo esse produto. Mas como reduzir essa coisa enorme a partes de trabalho suficientemente pequenas que pudessem ser finalizadas por uma equipe em uma ou duas semanas?

Então dissemos: "Vamos pegar a campainha, por exemplo. Há algumas equipes trabalhando nisso, e uma delas é responsável pela câmera. Talvez essa equipe tenha um especialista em óptica que as outras equipes não têm. Qual é a primeira coisa que essa equipe precisa fazer? Qual é a menor coisa que pode fazer que criará valor real em seu primeiro sprint?"

Eles decidiram que a primeira coisa que a equipe da câmera precisava fazer era resolver que tipo de lente usaria. Isso determinaria um monte de coisas sobre a campainha inteira – quanta energia passaria por ela, qual seria o tamanho do invólucro e assim por diante. Então começaram a pensar no que queriam na lente. Tamanho? Qualidade da imagem? Preço? Durabilidade? Resistência a arranhões? Na revisão do sprint, resolveram fazer uma competição. Adquiriram vários tipos de lente – vidro, cristal, plástico – e os conectaram a uma webcam barata ligada a um computador, para que os stakeholders que ajudariam a tomar essa decisão pudessem realmente *ver* as diferenças, entender as vantagens e desvantagens e tomar uma decisão informada.

A equipe do Product Owner precisa ter uma visão, conectar essa visão a algo que pode ser feito, repriorizar à medida que aprendem mais e lançar o produto. Talvez eles precisem se reunir com stakeholders e outros Product Owners para garantir que todos estejam alinhados.

Na Schlumberger, eles ressaltam que o alinhamento não apenas na parte superior da organização, mas em todos os níveis, e o trabalho em equipe são fundamentais. "É absolutamente essencial", afirma Brady. Sem a equipe de ação executiva e uma equipe de Product Owners no nível executivo, ele diz, isso não teria acontecido de modo eficaz e é provável que o Scrum não fosse tão bem-sucedido na Schlumberger.

## A arte do possível

Quando uma organização realiza o que o Scrum torna possível – quando se auto-organiza para ir mais rápido, aumentar a qualidade e reagir prontamente a um mundo em constante mudança –, altera fundamentalmente a própria trajetória. A equipe de TI da Schlumberger conseguiu isso. Eric Abecassis tem os dados para provar: o dobro do trabalho na metade do tempo.

"Minha intenção", diz Eric de modo assertivo, "minha missão é generalizar o conceito de uma 'Equipe de Equipes' apoiada pelos princípios do Scrum para se tornar uma ferramenta que impulsione os negócios. Essa é a minha visão. Essa é a minha ambição. E é nisso que estou trabalhando."

## RESUMO

***Espere uma luta antes do renascimento.*** Haverá resistência à mudança. Você precisa ter um plano. Tem que descobrir uma maneira de proteger suas equipes Scrum dos "anticorpos institucionais" que podem tentar atacá-las.

***Escalone o Scrum usando o Scrum.*** Assim como as equipes Scrum se auto-organizam e distribuem o trabalho, uma rede de equipes faz a mesma coisa. O ideal é empurrar as decisões até quem está na ponta da organização, assim será possível escalonar com robustez. Porque, se uma dessas pontas cair, não é um grande problema. O sistema se torna capaz de curar a si próprio, crescendo, reagindo e mudando conforme o ambiente.

***O Scrum@Scale cria uma interface estável conhecida.*** É desejável que seus produtos sejam construídos com componentes pouco interdependentes, e o mesmo vale para sua organização. Ao ter essas interfaces estáveis conhecidas, você cria um sistema adaptativo complexo capaz de aprender e mudar à medida que cresce. A organização "certa" *emerge* de ciclos rápidos de inspeção e adaptação.

## BACKLOG

- Quais impedimentos você levaria até uma equipe de ação executiva em sua organização? Se você estivesse nesse time, como removeria esses impedimentos? O que o impede de fazer isso agora?
- Os gerentes da sua organização têm uma visão clara e persuasiva de seus produtos ou serviços? É a visão certa? É compartilhada de forma eficaz e convincente? Como você gostaria que ela fosse compartilhada?
- Você está disposto a mudar? As outras pessoas da sua organização estão dispostas? Como você impediria os "anticorpos institucionais" de combater uma implementação do Scrum?
- Se você pudesse redesenhar seu local de trabalho, transformando-o em uma rede de equipes, como ele seria?

CAPÍTULO 10
# Como o mundo poderia ser

No século XIX, a tese predominante sobre a propagação de doenças era conhecida como teoria miasmática. Basicamente, a ideia era que a matéria em decomposição liberava um miasma, ou partículas de doença, que flutuava no ar transportando esses males.

Essa fora a teoria predominante sobre a propagação de doenças *por séculos*, remontando ao tempo dos romanos. E não apenas em países da Europa – na Índia e na China havia teses semelhantes sobre a disseminação de doenças. O problema é que, se está errado sobre o vetor de transmissão de uma doença, você se defende contra a coisa *errada*.

Londres, década de 1840. A capital do Império Britânico global. Como centro do governo, das finanças e do império, vivendo o advento da revolução industrial, a cidade recebia cada vez mais pessoas em suas ruas movimentadas. E com elas vieram as doenças. Os sistemas de esgoto eram frequentemente mal planejados e transbordavam. Muitas casas tinham fossos subterrâneos cheios de dejetos humanos que vazavam pelas ruas quando chovia. E chove muito em Londres.

As pessoas viviam amontoadas em locais apertados. Uma das doenças mais temidas era o cólera, que matou milhares. Londres teve grandes surtos em 1841, 1849 e 1854. O Dr. William Farr, na época um dos pensadores mais influentes na área da saúde pública, estava convencido de que a doença se espalhava pelo ar que vinha das margens sujas do Tâmisa, entrando nas casas das pessoas e contaminando-as. Ele estudou os surtos em profundidade e chegou à conclusão de que havia uma correlação inversa entre elevação do terreno e infecções por cólera: se você morava em uma colina, era menos provável que tivesse cólera. Então era óbvio que o miasma, o ar ruim, causava a doença.

O Dr. John Snow tinha um ponto de vista diferente, que não era comum ou aceito. Snow é uma figura interessante – entre outras coisas, ele foi um dos líderes no uso da anestesia na medicina e um dos primeiros médicos a usá-la em mulheres durante o parto, fazendo-o inclusive no nascimento do oitavo e último filho da rainha Vitória, Leopold.

Snow também é reconhecido como o pai da epidemiologia moderna. Ele suspeitava que não era o ar miasmático que causava o cólera, mas algum tipo de contaminante na água que os londrinos bebiam. Em 1849, após um surto de cólera que ceifou quase 15 mil vidas, escreveu um artigo sobre a transmissão do cólera em que argumentava que a água era a provável culpada. Sua teoria foi descartada pelas autoridades médicas e pelo público.

Quando houve outra epidemia em 1854, ele rapidamente entrou em ação, o que relatou em uma versão atualizada de seu artigo em 1855:

> O mais terrível surto de cólera que já ocorreu neste reino é provavelmente o que ocorreu na Broad Street, na Golden Square e nas ruas adjacentes algumas semanas atrás. A 230 metros do local onde a Cambridge Street se junta à Broad Street, houve mais de 500 casos fatais de cólera em 10 dias. A mortalidade nessa área limitada provavelmente se iguala a qualquer outra já causada neste país, mesmo pela peste; e foi muito mais repentina, pois o maior número de casos terminou em poucas horas.[1]

Tão ruim quanto a Peste Negra em questão de horas.

Na Broad Street (hoje Broadwick Street) havia uma bomba d'água. Snow suspeitava que havia algo na água daquela bomba que devastava o bairro. Ele foi ao registro e conseguiu uma lista de todos que haviam morrido na área e seus endereços. Como resultado, apresentou o mapa na página 225.

Os pequenos retângulos pretos indicam quantas pessoas morreram naquele endereço. E então ele começou a entrevistar as pessoas sobre onde pegavam água. Descobriu que quase todas as mortes ocorreram entre pessoas que moravam perto da bomba da Broad Street. Apenas um punhado daquelas que morreram no surto morava perto de outra bomba. E a bomba da Broad Street era muito popular.

A água era misturada com bebidas alcoólicas em todas as tavernas do entorno. Também era usada em restaurantes e cafeterias. A dona de uma cafeteria da vizinhança, frequentada por mecânicos e onde a água da bomba era fornecida na hora do jantar, informou-me (no dia 6 de setembro) que ela já sabia de nove de seus clientes que haviam morrido. A água da bomba também era vendida em várias pequenas lojas, com uma colher de chá de pó efervescente, sob o nome de sorvete, e pode ter sido distribuída de várias outras maneiras com as quais não estou familiarizado.

E havia as exceções. Uma mulher idosa e sua sobrinha que moravam no West End morreram de cólera. Não havia outros casos de cólera na vizinhança e a mulher não ia à Broad Street havia meses. Mas o filho lembrou que ela amava o sabor da água da Broad Street e pagava por uma garrafa grande que lhe era trazida todos os dias de carroça.

A água foi retirada na quinta-feira, 31 de agosto, e ela a bebeu à noite e também na sexta-feira. Foi acometida pelo cólera na noite de sexta-feira e morreu no sábado. (...) Uma sobrinha, que estava de visita, também bebeu da água; ela voltou para sua residência, em uma parte

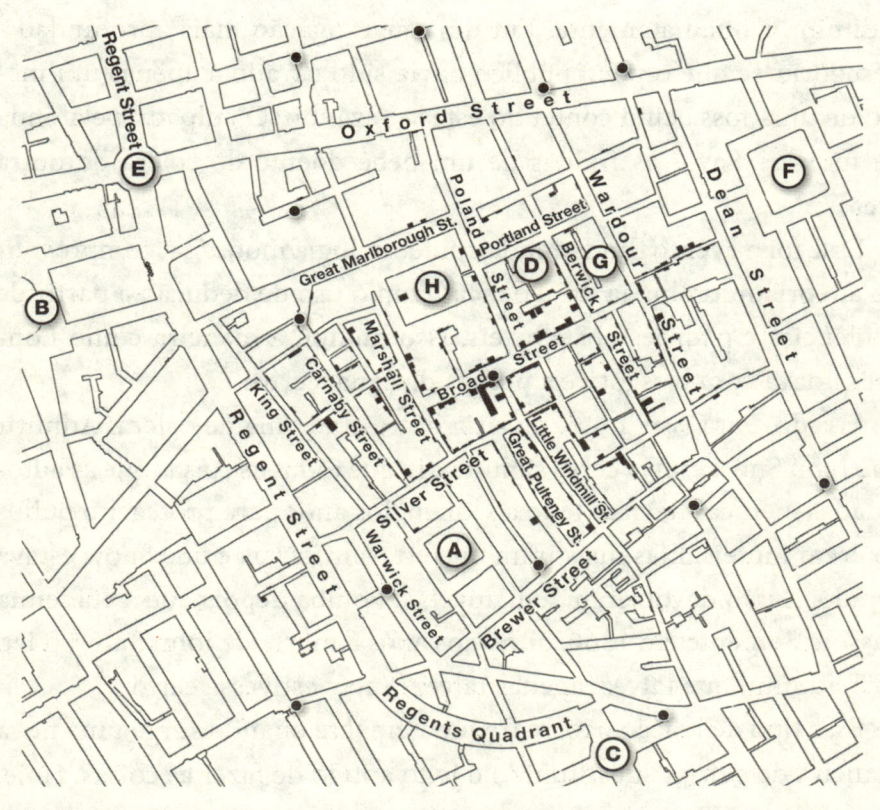

| | LEGENDA | | |
|---|---|---|---|
| **A** | Golden Square | **E** | Regent Circus |
| **B** | Hanover Square | **F** | Soho Square |
| **C** | Piccadilly Regent Circus | **G** | Wardour Mews |
| **D** | Portland Mews | **H** | Asilo de pobres |
| • | Bombas | | |

alta e saudável de Islington, foi atacada pelo cólera e morreu também. Não havia cólera na época nem no West End nem na vizinhança onde a sobrinha morreu.

Snow apresentou suas descobertas à Assembleia local e eles removeram a manivela da bomba da Broad Street. As mortes começaram a diminuir imediatamente. Em uma investigação mais aprofundada, descobriu-se que o poço público havia sido cavado a apenas um metro de uma fossa cujo conteúdo estava vazando. O culpado pela onda de mortes? Lavar as fraldas de um bebê doente de cólera de outra área.

Esse foi o evento fundador da epidemiologia moderna, comprovando a teoria microbiana das doenças com o uso de dedução a partir de evidências e padrões observáveis. Isso mudou a maneira como Londres lidava com o esgoto e a pureza da água, certo?

Errado. Para isso, foi necessária outra epidemia de cólera. Admitir que John Snow estava certo significaria que todas as coisas que as autoridades médicas haviam feito ao longo dos anos para proteger o público eram inúteis. Elas insistiram que estavam certas e que Snow estava errado. Então devolveram a manivela à bomba depois que a epidemia passou. Somente em 1866, oito anos após a morte de John Snow, o Dr. Farr admitiu que talvez, apenas talvez, Snow estivesse certo.

Esse tipo de reação ocorre frequentemente quando surge uma nova maneira de pensar substituindo o jeito antigo de fazer as coisas. Hoje, a teoria microbiana das doenças não só é aceita, mas comprovada. Sabemos que organismos microscópicos de vários tipos causam doenças. Podemos examiná-los ao microscópio, reproduzi-los, usá-los para imunizar pessoas. Sabemos que isso é verdade.

Comecei este livro com a história de Antoine Lavoisier e como ele mudou o mundo ao dizer que o que viera antes simplesmente não fazia *sentido*. As novas tecnologias nos permitiram examinar os elementos básicos da matéria e ver o sistema que a organiza. Foi uma mudança fundamental de perspectiva: o mundo era de um jeito e depois ficou de outro. Não haveria volta aos dias da alquimia. Sim, houve debates, discussões e cartas desagradáveis ao editor durante anos, mas enfim o sistema que de fato funcionava venceu. Nós o vemos como algo natural agora, mas há pouco tempo esse conhecimento era ferozmente combatido.

## Uma estrutura deduzida

Não estou dizendo que os praticantes do Scrum têm todas as respostas, nem mesmo que sabem todas as perguntas, mas acho que, como John Snow, temos provas suficientes para reformular a maneira como vemos as coisas. Temos padrões suficientes para deduzir uma estrutura geral.

O Scrum foi desenvolvido e cresceu exatamente da mesma forma que muitas novas descobertas. Primeiro, havia bolsões isolados de sucesso. Depois, algumas práticas que funcionaram aqui e ali. Continuamos aprendendo mais ao longo dos anos, descobrindo coisas novas que dão certo, novos padrões. Mas todos eles remetem àquela estrutura simples e descomplicada chamada Scrum.

E houve resistência. As pessoas ainda insistem nos gráficos de Gantt, nos planos de projeto e nos requisitos de negócios. Elas se agarrarão a suas crenças mesmo diante de provas em contrário. É por isso que dei exemplos do Scrum sendo usado em todo tipo de lugar para fazer todo tipo de coisa. Ele é simplesmente um jeito melhor de trabalhar.

## Um mundo melhor

Quando comecei a escrever este livro, estava horrorizado com a crescente polarização no mundo, as velhas batalhas sociais e políticas de volta, a busca por atribuir culpa, a desconfiança em relação ao outro, seja seu vizinho ou alguém distante. De alguma forma, o mundo parecia um lugar mais sombrio. Nossa ambição parecia mais fraca; discutíamos incessantemente sobre pequenas coisas em vez de trabalharmos juntos para resolver grandes problemas.

Não acho que isto vá acontecer de uma hora para outra, mas gosto de pensar que o trabalho que fazemos – ajudando as pessoas a alcançar todo o seu potencial, auxiliando as organizações a de fato realizar as coisas, liberando nosso potencial humano tragicamente desperdiçado – pode ao menos ajudar um pouco a balança a pender para o bem.

A Dinamarca é o lar da Lego, da Maersk (a maior empresa de contêineres do mundo) e do Grupo Carlsberg (que fabrica a cerveja Carlsberg). Todos eles usam Scrum. O Scrum se tornou tão dominante no país que virou quase um padrão, especialmente na área de tecnologia.

Carsten Jakobsen talvez tenha iniciado a primeira transformação do Scrum na Dinamarca, na Systematic, em 2006. A Systematic desenvolve softwares para serviços de saúde, defesa, inteligência e segurança nacional, o tipo de áreas em que as pessoas morrem se algo der errado. Carsten estava experimentando quatro projetos-piloto e os conduzia para uma abordagem incremental e iterativa quando alguém lhe disse que isso se chamava Scrum. Então ele ligou para a Scrum Inc. e nos chamou para treiná-los. A velocidade dobrou. Os defeitos caíram 41%. Os clientes ficaram felizes e as equipes, mais ainda.

"Foi a única vez que vi todas essas métricas melhorarem ao mesmo tempo", afirma Carsten. "Em geral você tenta algo e talvez uma delas melhore. Não todas."

Nos anos seguintes, o Scrum se espalhou por toda a Systematic. O CEO gostava muito de dados, Carsten diz, e, quando viu as melhorias que as equipes estavam obtendo, implementou o Scrum no nível da liderança, exigindo que todos participassem de um Scrum diário.

Desde então, Carsten fundou a própria empresa, a Grow Beyond, e também se tornou professor da Universidade de Aalborg. Ele me disse que tem quase certeza de que o Scrum está sendo ensinado em todas as universidades da Dinamarca. E agora ele está trabalhando com empresas mais antigas e estabelecidas – de setores como manufatura, finanças e seguros. Ele diz que até a gerência tradicional está se movendo em direção ao Scrum agora, e o motivo é simples: as empresas estão percebendo que, para serem capazes de se adaptar ao ritmo da mudança, *elas* precisam mudar. "É fazer ou morrer", afirma Carsten.

Toda empresa precisa começar a pensar como uma empresa de tecnologia – o mercado está mudando, e rápido. É necessário mudar ou correr o risco de ser ultrapassada e tornada irrelevante por um concorrente mais ágil.

Viajei para o Japão quando fui convidado pela nossa parceira KDDI para ver como eles estavam incorporando o Scrum no que fazem. A KDDI, uma grande empresa de telecomunicações, vê o Scrum como uma maneira de mudar fundamentalmente a trajetória da economia japonesa.

Fundada em 1953, a KDDI foi o lado japonês da primeira transmissão de televisão ao vivo entre o Japão e os Estados Unidos. Eles foram os primeiros a oferecer serviços através dos milhares de quilômetros de cabos transpacíficos que conectam os Estados Unidos à Ásia. Assinaram contrato com a Intelsat logo no começo. Após a desregulamentação, se lançaram na telefonia móvel, na banda larga, o pacote completo. É uma empresa grande, que sempre se vê avançando em termos tecnológicos.

Eles chamaram a Scrum Inc. em 2016 para implementar a nova estrutura na empresa. Reconhecem que, conforme a internet das coisas e o 5G se tornam realidade, precisam desenvolver serviços e dispositivos para seus consumidores rapidamente. Mas também nos chamaram para levar o Scrum à indústria japonesa como um todo.

Há décadas a economia do Japão anda mal das pernas: com crescimento lento ou sem crescimento; sendo derrotada pela concorrência estrangeira não apenas no preço, mas também na inovação. Também existe uma mudança na cultura: os estudantes mais inteligentes não querem cursar engenharia, mas administração. Eles sabem que, se conseguirem um dos concorridos empregos corporativos ou governamentais, estarão com a vida ganha, porque ninguém nunca é demitido. Mas esses empregos não têm a ver com construir coisas novas ou criar mais inovação; eles são sobre gerenciar pessoas que gerenciam o trabalho. Portanto, a maior parte do trabalho tecnológico japonês é terceirizada.

As empresas perderam sua capacidade de fazer praticamente qualquer coisa.

Akihito Fujii foi a pessoa que nos levou até lá. Ele tem uma trajetória notável, muito diferente daquela da maioria dos executivos japoneses. Trabalhou nos escritórios japoneses da Sun Microsystems e na Google, mas reportava-se à gerência nos Estados Unidos. Ele está mergulhado na mentalidade do Vale do Silício e gostou dessa atmosfera aberta e inovadora. Mas viu algo mais, algo maior. Não uma empresa, mas um país que precisava da mesma mudança de mentalidade. Então se lançou em um esforço para ajudar o Japão.

"Essa maneira de trabalhar – competição acirrada, destruição criativa, a única coisa que importa é o sucesso – funciona bem para mim, J. J.", disse ele. "Mas e as outras pessoas? Como vamos ajudá-las também, não apenas a mim?"

Então viajamos juntos pelo Japão conversando com grupos de executivos japoneses. O sentimento e as conversas eram os mesmos em todos os lugares: *o Japão está preso à rotina. Precisamos mudar nossa cultura de negócios para salvar o Japão.* Eles veem o Scrum como parte desse esforço.

A KDDI construiu uma incubadora, a KDDI Digital Gate, para treinar seus engenheiros, fornecedores e clientes para fazer o Scrum e iterar rapidamente em produtos reais. É notável.

Mas o que mais me marcou foi o sentimento de esperança. A sensação de que, trabalhando juntos, podemos usar o Scrum para acabar com a paralisia que tomou conta das empresas japonesas.

## Aumente o amor com o uso

Hoje em dia, tudo é colocado em termos transacionais: *Você faz isso por mim, eu faço aquilo por você.* Isso implica que existe um suprimento limitado de tudo e que todas as interações devem ser avaliadas para ver se as coisas foram justas ou não. É ver a vida e as escolhas como transações econômicas.

Mas há certas coisas para as quais esse tipo de pensamento não funciona bem. Existe um suprimento limitado de boas ações que alguém possa fazer? Existe um suprimento limitado de bondade? Minha alegria diminui a sua?

O economista Albert O. Hirschman, que morreu há alguns anos, se perguntou sobre essas questões, afirmando que, se o amor ou o civismo são vistos como recursos escassos que podem se esgotar, como coisas que podem se tornar raras, a parcimônia é a resposta lógica. Mas ele escreveu:

> Antes de tudo, são recursos cujo suprimento pode aumentar em vez de diminuir com o uso; em segundo lugar, esses recursos não permanecem intactos se não forem utilizados; como a capacidade de falar uma língua estrangeira ou tocar piano, é provável que esses recursos morais se esgotem e se atrofiem se não forem empregados.[2]

Um recurso que se atrofia por desuso, mas cresce ao ser usado. Se transformarmos nosso apoio uns aos outros em uma transação, ele diminui; se praticarmos esse apoio, ele aumenta. Comporte-se da maneira que você gostaria de ser.

A esta altura, vivemos em uma sociedade mais ou menos atomizada. Coisas que a comunidade costumava oferecer, como tomar conta de crianças, verificar se os outros estão bem ou cuidar de idosos, foram terceirizadas para entidades privadas. O atendimento pode até ser melhor, mas a comunidade está mais fraca. Vemos a nós mesmos como atores solitários. E isso nos torna mais fracos como indivíduos. Porque conexão, conexão verdadeira, importa. Temos até os dados.

Um dos meus novos estudos favoritos é inocentemente intitulado "Laços sociais e suscetibilidade ao resfriado comum".[3] Os pesquisadores pegaram algumas centenas de pessoas, verificaram quão solitárias esta-

vam e, depois, com um pouco de crueldade experimental, expuseram-
-nas a um vírus do resfriado. Primeiro classificaram todas elas em um
índice de rede social:

> Isso inclui relacionamentos com um cônjuge, pais, sogros, filhos, ou-
> tros membros próximos da família, vizinhos, amigos, colegas de traba-
> lho, colegas de escola, colegas voluntários (por exemplo, em trabalhos
> de caridade ou comunitários), membros de grupos sem afiliações reli-
> giosas (por exemplo, social, recreativo ou profissional) e membros de
> grupos religiosos. É atribuído um ponto a cada tipo de relacionamento
> (a pontuação máxima é 12) quando os entrevistados indicam que fa-
> lam (pessoalmente ou por telefone) com alguém nesse relacionamento
> pelo menos uma vez a cada duas semanas.[4]

Ok, sei que você já fez as suas contas. Minha pontuação é 5. É, acho
que devo trabalhar mais nisso...

A conclusão é: quanto mais conectado você estiver, menor a probabilidade de ficar doente. Pessoas com menos de três conexões ficaram
resfriadas em mais de 60% das vezes; aquelas com quatro ou cinco conexões, pouco mais de 40% do tempo; e aquelas com seis ou mais, um
pouco mais de 30%. Se você tem seis ou mais papéis sociais, tem metade
da probabilidade de adoecer que aqueles com apenas três. E um estudo
que acompanhou quase 7 mil adultos por nove anos descobriu que as
pessoas menos conectadas socialmente tinham *duas vezes* mais chances
de morrer nesse período do que as mais conectadas.[5]

Por que isso acontece? Bem, existem algumas razões. A primeira é a
ideia de amortecer o estresse. Se você se depara com um evento estressante, ter uma rede social de apoio ajuda a lidar com ele. Mas isso ocorre
de um jeito interessante. O que importa não é se o apoio realmente existe, mas a *percepção* de que existe. É isso mesmo: ainda que você não peça
ajuda, o simples fato de saber que pode pedir já o auxilia. Na verdade,
mantém você vivo. Um estudo de sete anos feito com homens suecos

acima dos 50 anos chegou à conclusão de que aqueles que não tinham um alto grau de apoio emocional e experimentaram vários eventos estressantes – divórcio, morte de um ente querido, perda do emprego, esse tipo de coisa – eram muito mais propensos a morrer que aqueles que tinham uma percepção de apoio.[6]

E depois há o efeito do grupo, de papéis compreendidos, de entender seu lugar no mundo. Sheldon Cohen, da Universidade Carnegie Mellon, escreveu em um artigo intitulado "Relações sociais e saúde" – um estudo citado quase 5 mil vezes – que entender papéis e normas em um grupo é um fator crítico para a saúde mental e física:

> Os conceitos de função que são compartilhados entre um grupo de pessoas ajudam a orientar a interação social fornecendo um conjunto comum de expectativas sobre como as pessoas devem agir em diferentes papéis. Ao atender às expectativas normativas do papel, os indivíduos adquirem um senso de identidade, previsibilidade e estabilidade de propósito e de significado, pertencimento, segurança e valor próprio.[7]

Sentir que tem uma rede de suporte. Contar com um conjunto comum de expectativas sobre quem faz o que e como agir em determinadas funções. Objetivo. Significado. Segurança. Autovalorização. Essas são as coisas que o Scrum ajuda a criar. Ele estabelece uma estrutura para dar isso às pessoas diariamente. Porque, sem essa conexão social, sem apoio e sem expectativas comuns, as pessoas sofrem. São diminuídas. Juntos, podemos mover montanhas e sacudir os pilares do céu. Separados, encolhemos; nos tornamos menos do que somos verdadeiramente capazes de nos tornar.

Depois de mudar sua visão de como o mundo funciona e ver que os axiomas antigos não se aplicam mais, quando você se torna capaz de fazer isso, pode mudar o que é possível – tanto para você quanto para o mundo.

O Scrum está enraizado na maneira como os seres humanos são, independentemente de qual idioma falam ou do trabalho que fazem. É uma ferramenta fundamental para catalisar possibilidades humanas.

Uma das coisas instigantes sobre a condição humana é constatar com frequência que o jeito como você pensava que o mundo funcionava não é, na verdade, a forma como ele funciona. Adoro quando isso acontece. Quando vejo o mundo sob um novo prisma.

### RESUMO

*Hora da decisão.* O mundo está mudando. Isso pode paralisá-lo ou libertá-lo. O que parece inviável pode ser feito. Eu não posso obrigá-lo a mudar; posso apenas lhe mostrar como. Você tem as ferramentas, as dicas, o caminho a seguir. O futuro não está escrito. Não viva na escassez — viva na abundância. As possibilidades são infinitas.

### BACKLOG

- Mãos à obra!

# Agradecimentos

O Scrum, os milhões de equipes Scrum em todo o planeta, a Scrum Inc. e este livro nunca existiriam sem a visão e a paixão do meu pai por uma maneira melhor de trabalhar. Obrigado, pai.

Todas as grandes organizações são construídas sobre grandes equipes. Tenho o privilégio de trabalhar com algumas das melhores. Este livro deve sua vida ao apoio, ao esforço, à generosidade e ao brilhantismo de todas elas. *The Clubhouse*, vocês são realmente os melhores que já existiram. Seu trabalho duro, seu pensamento profundo, sua paixão e humanidade estão refletidos nestas páginas. *The Sales Guild* de fato faz o dobro do trabalho na metade do tempo, repetidas vezes. Vocês mantêm a Scrum Inc. funcionando. *Webside* é um grupo que pivota, muda e entrega além do esperado com tanta graça e alegria que fico maravilhado; a melhor equipe Scrum que conheço. *Markdom*, às vezes suspeito nervosamente que vocês não estão brincando sobre a dominação do mundo. Por fim, *Voyager*, a equipe da qual tenho sorte de ser membro, guarda o espírito e guia o curso da Scrum Inc. Obrigado a todos.

Quero agradecer ao meu destemido agente, Howard Yoon, e à equipe da RossYoon. Howard foi a primeira pessoa a me dizer que eu poderia escrever um livro e me pressionou para concluir os dois. Qualquer um que estiver lendo isto deve ser grato a ele por torná-los melhores do que tinham o direito de ser.

A crença de Roger Scholl e de sua equipe da Currency no Scrum e no trabalho duro tornou este livro tão bom quanto é. Sempre admirei a gentileza com que Roger afirmou que o primeiro capítulo era um lixo. Ele também me deu o insight de que as pessoas já sabem quão ruins as coisas estão; eu precisava dar a elas as ferramentas para resolver o problema.

Sempre que leio os agradecimentos no final de um livro, eles parecem falar sobre como escrever é um processo solitário. Não tenho certeza de como outras pessoas fazem isso, mas a equipe multifuncional que transformou este aqui em realidade fez do processo uma diversão. @Citizen, o momento em que você pensou na última frase do livro foi quando eu soube que tínhamos feito algo notável. Gostaria apenas de lembrá-lo gentilmente que existem roupas de outras cores além do cinza. @Rick, meu cúmplice no crime por todos esses anos, conseguimos. E não me importo com o que diz – você me deve 100 dólares, porque estou totalmente certo. @Tom, você me protegeu em mais de uma guerra e sempre me lembra de superar minhas crises. Fez as coisas acontecerem durante todo esse processo. Ainda está completamente errado sobre Elway, mas vou deixar isso para lá. @Veronica, foi você quem corrigiu nosso curso rumo à esperança neste livro. Sua elegância mental, sua inteligência e seu discernimento puxaram os fios e lhes deram coesão. Afinal, foi você quem deu o último polimento e pegou os erros estúpidos.

E gostaria de agradecer às minhas duas filhas incríveis, que aguentaram o pai ter ficado tão distante enquanto trabalhava neste livro e me receberam com gritos de alegria toda vez que entrei em casa. Vocês fazem tudo valer a pena.

Por fim, gostaria de agradecer a todos os anfitriões do AirBnB em Capitol Hill. Este livro foi escrito esporadicamente em suas casas e seus porões ao longo de um ano. Vocês sabem quem são. Cinco estrelas.

J. J. Sutherland<br>
Washington, D.C.<br>
24 de março de 2019

# Notas

**CAPÍTULO 1: A ESCOLHA DIANTE DE NÓS**
1. Lavoisier, Antoine-Laurent. *Tratado elementar de química*. São Paulo: Madras, 2010.
2. https://www.standishgroup.com/sample_research_files/CHAOSReport-2015-Final.pdf.

**CAPÍTULO 3: POR QUE NÃO CONSEGUIMOS DECIDIR**
1. Langton, Christopher *in* Lewin, Roger. *Complexidade: a vida no limite do caos*. Rio de Janeiro: Rocco, 1994.
2. De um discurso à Conferência da Reserva Executiva da Defesa Nacional, em Washington, D. C., em 14 de novembro de 1957. Disponível em *Public Papers of the Presidents of the United States, Dwight D. Eisenhower*. Washington, D. C.: National Archives and Records Service, Government Printing Office, 1960.

**CAPÍTULO 4: OCUPADO X FEITO**
1. Strayer, David; Drews, Frank e Crouch, Dennis. "A Comparison of the Cell Phone Driver and the Drunk Driver". *Human Factors* 48.2 (2006), pp. 381-391.

**CAPÍTULO 5: PESSOAS E LUGARES QUE PARECEM LOUCOS GERALMENTE SÃO**
1. Drucker, Peter. *Administração: tarefas, responsabilidades, práticas*. São Paulo: Abril, 1975.

**CAPÍTULO 6: ESTRUTURA É CULTURA**
1. Conway, Melvin E. "How Do Committees Invent". *Datamation*, abril de 1968.
2. Garrett, Neil; Lazzaro, Stephanie; Ariely, Dan e Sharot, Tali. "The Brain Adapts to Dishonesty". *Nature Neuroscience* 19, 2016. pp. 1.727-1.732.

**CAPÍTULO 7: FAZENDO DO JEITO CERTO**
1. Sutherland, Jeff; Harrison, N. e Riddle, J. IEEE HICSS: 47ª Conferência Internacional sobre Ciência de Sistemas do Havaí. Big Island, Havaí, 2014.
2. ScrumPLoP, *A Scrum Book: The Spirit of the Game*. Raleigh: Pragmatic Bookshelf, 2019.
3. Ibid.
4. Tuckman, Bruce. "Developmental Sequence in Small Groups". *Psychological Bulletin*, vol. 63, n. 6, 1965. pp. 384-399.
5. Scrum PLoP, *A Scrum Book*.
6. Ibid.
7. Ibid.
8. Ibid.
9. Ibid.
10. Ibid.
11. Ibid.

**CAPÍTULO 9: A EMPRESA RENASCENTISTA**
1. Drucker, Peter. *Inovação e espírito empreendedor*. São Paulo: Pioneira, 2002.
2. Pino, Isaac. "Why Autodesk Shares Are Surging Even as Sales Slide". *The Motley Fool*, 3 de maio de 2018.

**CAPÍTULO 10: COMO O MUNDO PODERIA SER**
1. Snow, John. *Sobre a maneira de transmissão do cólera*. São Paulo: Hucitec, 1990.

2. Hirschman, Albert O. "Against Parsimony: Three Easy Ways of Complicating Some Categories of Economic Discourse". *Economics and Philosophy* 1, 1985. pp. 7-21.
3. Cohen, S.; Doyle, W. J.; Skoner, D. P.; Rabin, B. S. e Gwaltney Jr., J. M. "Social Ties and Susceptibility to the Common Cold". *Journal of the American Medical Association* 277, 1997. p. 1.943.
4. Ibid.
5. Berkman L. F. e Syme, L. "Social Networks, Host Resistance, and Mortality: A Nine-Year Follow-Up Study of Alameda County Residents". *American Journal of Epidemiology* 109, 1979. p. 190.
6. Rosengren, A.; Orth-Gomer, K.; Wedel, H. e Wilhelmsen, L. "Stressful Life Events, Social Support, and Mortality in Men Born in 1933". *British Medical Journal* 307, 1993. p. 1.104.
7. Cohen, Sheldon. "Social Relationships and Health". *American Psychologist*, nov. 1994. pp. 678-679.

CONHEÇA ALGUNS DESTAQUES DE NOSSO CATÁLOGO

- Augusto Cury: Você é insubstituível (2,8 milhões de livros vendidos), Nunca desista de seus sonhos (2,7 milhões de livros vendidos) e O médico da emoção

- Dale Carnegie: Como fazer amigos e influenciar pessoas (16 milhões de livros vendidos) e Como evitar preocupações e começar a viver

- Brené Brown: A coragem de ser imperfeito – Como aceitar a própria vulnerabilidade e vencer a vergonha (600 mil livros vendidos)

- T. Harv Eker: Os segredos da mente milionária (2 milhões de livros vendidos)

- Gustavo Cerbasi: Casais inteligentes enriquecem juntos (1,2 milhão de livros vendidos) e Como organizar sua vida financeira

- Greg McKeown: Essencialismo – A disciplinada busca por menos (400 mil livros vendidos) e Sem esforço – Torne mais fácil o que é mais importante

- Haemin Sunim: As coisas que você só vê quando desacelera (450 mil livros vendidos) e Amor pelas coisas imperfeitas

- Ana Claudia Quintana Arantes: A morte é um dia que vale a pena viver (400 mil livros vendidos) e Pra vida toda valer a pena viver

- Ichiro Kishimi e Fumitake Koga: A coragem de não agradar – Como se libertar da opinião dos outros (200 mil livros vendidos)

- Simon Sinek: Comece pelo porquê (200 mil livros vendidos) e O jogo infinito

- Robert B. Cialdini: As armas da persuasão (350 mil livros vendidos)

- Eckhart Tolle: O poder do agora (1,2 milhão de livros vendidos)

- Edith Eva Eger: A bailarina de Auschwitz (600 mil livros vendidos)

- Cristina Núñez Pereira e Rafael R. Valcárcel: Emocionário – Um guia lúdico para lidar com as emoções (800 mil livros vendidos)

- Nizan Guanaes e Arthur Guerra: Você aguenta ser feliz? – Como cuidar da saúde mental e física para ter qualidade de vida

- Suhas Kshirsagar: Mude seus horários, mude sua vida – Como usar o relógio biológico para perder peso, reduzir o estresse e ter mais saúde e energia

sextante.com.br